田辺哲男 ビッグバスパターンアカデミー 秋・冬編

NORIO TANABE

WEEKLY BIG BASS PATTERNS

ルアマガbooks

内外出版社

INTRODUCTION

プロフィッシャーマン
田辺哲男

たなべ・のりお／1958年生まれ。'80年代初頭に単身渡米し、本場のバスフィッシングを吸収。帰国後、現地で学んだ、この釣りの最も基本となる理論"パターンフィッシング"を提唱し、日本のアングラーに多大なる影響を与えた。国内トーナメントで数々のビッグタイトルを獲得し、'93年には世界最大のバス釣り組織「B.A.S.S.(バス・アングラーズ・スポーツマン・ソサエティー)」のトーナメントにおいて、外国人初の優勝を飾る。近年は自らのブランド『ノリーズ』のタックル開発に注力、なおも進化を続けるレジェンドアングラーだ。U.S.A.バスマスターツアー年間ランキング最高位は12位。

　今や世のなかはＳＮＳ全盛、それこそ世界へ向けて誰もが情報を発信できる時代になった。そして、興味のある単語や言葉で検索をかければ、関連するおびただしい数のソースが羅列され、そのなかから自分自身の判断で取捨選択できる。実に便利である。

　ただ俺自身は、ブログはもとより、現在までフェイスブックもツイッターもインスタグラムもやっていない。

　そんな俺が、タイムリーな情報発信の"ツール"として唯一活用しているのがルアー・マガジン・モバイルだ。今現在（2019年8月現在）も「VOICE」というタイトルで、週に一度ではあるけれど必ず更新している。プロトタックルのテストやプライベー

ト釣行、あるいは取材で感じたこと、気付いたこと、つかんだパターン…田辺哲男の現在進行形がそこにある。要は実釣を通して現場で得られた、自分にとってプラスとなるファクターを綴っているのである。一方通行配信だけどね。

その「VOICE」の前にルアマガモバイルで、やはり週イチで続けていた連載「田辺哲男のMY BIG GAME」を季節毎にまとめたのが本書。

インターネットの普及によって情報拡散のスピードはどんどん速くなり、少しでも時間が経つと情報の価値が薄まってしまうと思われがちだ。でも、当たり前のことだけれど、すべてがそうとは限らない。

　ここで挙げているのは、俺の引き出しにある選択肢のなかからビッグフィッシュに効くパターンに絞り、季節に沿うかたちで毎週紹介してきたもの。そのすべてが、新たなパターンを築くうえでの土台となっていて、時間が経ったからといって色褪せるものではないし、流行り廃りに左右されるものでもないと断言できる。それを、「ルアマガモバイルのなかだけに閉じ込めておくのはもったいない」という編集部（ナビゲーター担当・マツ）の要望から、春・夏編、秋・冬編の２冊にまとめることとなったのです。現在に合わせて、言い回しを変えたり、ニュアンスをかみ砕いたり、タックルセッティングなど多少追加しているが、パターンそのものについて大きな手直しはしていない。

　注意してほしいのは、便宜的に週毎に分けてはいるけれど、「その週にこのルアーを投げれば釣れますよ」というものではないということ。「その時期に、こういう状況になれば、こんなパターンがあるんだな」という見方をしてください。年によって、季節の進み具合いは違うからね。
　だから、場合によってはひと月先のゲームがハマるかもしれないし、その逆もまたしかり。
　それともうひとつ。いくら情報をインプットしても、バスを手にしなければ引き出しを増やすことはできない。実践あるのみです。
　Keep Casting!

9月　September

第1週 ／ 初秋の表層ベイトフィッシュパターン!!
サーフェスか？ミドルか？9月のキモはレンジの攻略にアリ!!　010

第2週 ／ アーリーフォール中層攻略・前編
水深10メートルでも有効なミドルレンジの巻きがある!! 　015

第3週 ／ アーリーフォール中層攻略・後編
どこでもいい！なんでもいい！強すぎないものを、とにかく投げてみる!! 　021

第4週 ／ シャローの"底物"ベイトパターン!!
勝負が早い食わせの釣り、田辺流!! 　025

第4週その2 ／ 台風絡みの鉄板パターン!!
濁りを生かす、王道パワーゲーム!! 　030

10月　October

第1週 ／ 巻いて釣れる月のキホン・Part1
今巻かないで、いつ巻くの？強波動でターンオーバーを克服せよ!! 　034

第2週 ／ 巻いて釣れる月のキホン・Part2
強波動・プラス・音で誘うリアクションの釣り!! 　039

第3週 / ターンオーバー攻略シャロー編!!
とにかく奥!! のパワーゲーム。 044

第4週 / ターンオーバー攻略ディープ編!!
ワームに食わない魚を狙う、絶対に外せない晩秋のパターン 050

11月　　　　　　　　　　　　　　　　　　November

第1週 / ターン回復の正統派ベイトフィッシュパターン
もっとも正しいスピナーベイト活用法!! 059

第2週 / もうひとつの外せない巻き物
普通に投げて普通に巻く、ハードボトムでの選択肢!! 066

第3週 / タダマキのただ巻き!!
ロッドワークもポーズも必要なし。オートマチックなオープンウォータークランキング!! 070

第4週 / ややディープの"一番簡単な釣り"!!
スピニングタックルで実践する水深5メートルまでのボトム付近きっちり巻き!! 075

第5週 / 11月下旬の"テッパン"!!
ターゲットはディープに落ちていく個体。勝手に食ってくれるメタルバイブゲーム！ 080

12月　　　　　　　　　　　　　　　　　　December

第1週 / 冬の定番、登場!!
浮いた魚を狙うジギングスプーン、カギはウエイトにあり!! 088

第2週 / 冬の定番・Part2
ディープカバーを攻め抜く、もうひとつのワサビー必須ウエイト!! 096

第3週 ／ 初冬のハードベイトゲームその1!!
狙ったスポットで、浮かせて食わせるサスペンドミノーパターン!!
102

第4週 ／ 初冬のハードベイトゲームその2!!
場所不問！ マッチ・ザ・レンジのディープクランキング
107

1月　　　　　　　　　　　　　　　　　　　　January

第1週 ／ 厳寒期の定番シャローゲーム
食わせの要素を備えた、この先3月まで外せないハードベイト!!
112

第2週 ／ 意外なレンジ攻略!!
シャローでもディープでもない、盲点のスローダウンゲーム
118

第3週 ／ 真冬のミドルレンジ攻略・Part2
シャッドでは届かない、一段下をゆっくり探るための選択肢
123

第4週 ／ 厳寒期のディープ攻略!!
ベイトフィッシュの存在が絶対条件。タイミングしだいでは一撃で食わせられることも!!
127

2月　　　　　　　　　　　　　　　　　　　　February

第1週 ／ シャロー狙いの裏ワザ!!
臆せず撃て!!　手返し重視のカバーゲーム
136

第2週 ／ 初春の定番再び!!
ディープは切り捨てよ！合わせるべき照準はシャロー～ミドルの越冬バス
140

第3週 ／ 越冬バス狙い、もうひとつのパターン!!
ニュートラルな個体に口を使わせるこの時期ならではのテクニカルゲーム
146

第4週 ／ 初春のセオリー!!
重要なのはフィーディングのタイミング。時間帯だけでなく、状況の変化を感じたら動くべし!!
151

COLUMN　NORIO'S VOICE

01 普通のゲームのススメ!!	056	02 レンタルボートゲームのススメ!!	084
03 二兎を追う者は一兎をも得ず。	132	04 バスフィッシングが楽しくて仕方がない。	156

田辺哲男 NORIO TANABE
ビッグバス
WEEKLY BIG BASS PATTERNS パターン
アカデミー

秋

灼熱の太陽に照らされ最高水温に達した湖が、台風や秋雨前線の通過に伴い徐々に適水温へと近づいていく秋。狙うべき場所も、ルアーも、選択肢は増える。だからこそその難しさがあるのがこの季節。巻くか？ 撃つか？ どちらにせよ、効率良く展開するためのカギを握っているのは、やはりベイトフィッシュの存在だ。

編 FALL PATTERNS

サーフェスか？ ミドルか？
9月のキモは
レンジの攻略にアリ!!

マツ：あら？　田辺さん、今、運転中でしょうか？

田辺：いや、車には乗ってるけど運転はしていないから大丈夫？　今、ちょうど大原(外房)から帰ってるところだよ。

マツ：タイ釣りですよね？　どうでしたか？

田辺：アフター回復がやっと釣れ始めたって感じだな。水深50メートルのディープ狙いで、基本的にはなかなか釣れないんだけど、アクアのオーバルテンヤで7.5キロが出たよ(笑)。

マツ：スゲー!!　しかし水深50メートルのディープってソルトウォーターゲームならではの世界ですね(笑)。バスは最近行きました？

田辺：近いうちにテストに行ってこようと思ってるんだけど…とにかくもっと雨がほしいよな。この週末は天気が崩れるみたいだから、期待できそう。行けるんなら行ったほうが良いか

もね(笑)。どうよマツ、行ってみたら？

マツ：土日ともにモバイル更新作業＆原稿書きです（涙）。切なくなってきたので、本題に移らせていただきます。今週から9月に入りましたけど。

田辺：9月はね…意外に難しいんだよ。夏を引きずって、まだまだ水温が高いからね。そこでヒントになるのは、なんと言っても表層ベイトの存在。

マツ：田辺さんの考えでは、どの季節においてもベイトフィッシュの有無がバスを探す基本になりますよね。その点で言えば、8月と9月で大きな違いがあるんでしょうか？

田辺：うん、たしかに8月もベイトフィッシュは表層にいるよ。極端なことを言っちゃうとそれは梅雨明けからの流れと考えてもいい。でもね、季節の進行に伴って、とくに9月あたりからは沖へ沖へと出てしまう傾向がある。もちろん、水温や水質が関与するわけだけれど、それこそ湖中、どこでもクルーズするようになるんだ。

ってことはだよ、橋脚とか立ち木や杭のような縦ストラクチャーだとか、ブイみたいな沖の浮き物だとか…それこそバスが付ける何かがあれば、どこでも可能性がある。

言ってしまえば、そういった魚を表層で食わせるか、中層で獲るかが9月のキモ。そう割り切って、ボトムで釣るっていうのはあまり考えない。で、一番手っ取り早いのが表層系なんだよ。ただし、そのパターンでは風がないことが前提になる。

マツ：風があっちゃダメということですか？

田辺：あるとベイトフィッシュが沈んでしまうからね。そうなると中層の釣りになるってこと。要するに横方向へクルーズしつつ、状況に応じてレンジが上下する、縦にも移動しているということです。

マツ：ベイトフィッシュのレンジに合わせて狙い方が変わるということですね。

田辺：そう。で、風がなくて表層にベイトフィッシュが浮いている場合、それを捕食してるバスを釣るのに一番手っ取り早くて簡単なのが、オレのなかではビハドウ110。ただ巻きの、i字系プロップ付きルアーってことですよ。水深のある場所では、ポッパーや大きめのペンシルベイトなんて選択もある。

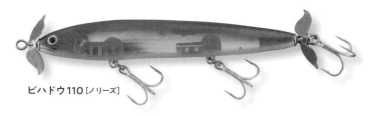

ビハドウ110［ノリーズ］

マツ：ハイ、質問です。じゃあなぜここでビハドウ80じゃないんですか？

田辺：その必要性を感じないから(笑)。

マツ：ルアーのサイズを下げる必要はない、と？

田辺：ない。であれば投げやすいほうがいい。投げやすいし、スリーフックだからバスが食えば掛かりやすい、それがすべて。分かりやすいでしょ？(笑)

マツ：分かりやすいです(笑)。

田辺：ビハドウっていうのは、そういった個体を釣るために作った、まぁ言ってみればナチュラル系ハードルアーだからさ。

マツ：ハマるタイミングとかはあるんでしょうか？　基本的にはトップの釣りだから、やっぱりマズメ時が良い、とか。

田辺：それは風とベイトしだいだね。ただ、近づいてベイトの存在を確認してからアプローチするんじゃなくて、ここって思える場所に遠くからきっちり投げ入れることが大切だよ。

マツ：そのためにも110のほうが良いわけですね。

田辺：どんな場面であろうと、ある程度の飛距離が出せるっていうのは絶対的なアドバンテージになるからね。その意味で、俺はこの釣りにハードベイトスペシャルの680Lを使ってる。ロングキャストできて、遠くでバイトがあっても掛けて、しっかりと乗せられるロッドなんだよ。

マツ：なるほど。でも、ベイトフィッシュのサイズにルアーのサイズを合わせる必要はないのでしょうか？

田辺：このパターンでは、あまり関係ないな。ビハドウの場合はボディ自体が細身だし、動きも強すぎるわけじゃないからね。

マツ：アクションはどんな感じでしょうか？　先月、ビハドウ80のパターン（ビッグバスパターンアカデミー春・夏編８月第１週で紹介）では、カバー周りでチョイチョイと軽くトゥイッチしながらゆっくり引く使い方でしたが。

田辺：こっちはゆっくりとただ巻きするだけ。小技を利かせる必要はないよ。基本的には、障害物周りか水面に生命感が感じられる場所、たとえば小さな波紋がぽつぽつ見られるような場所でビハドウ110を通してみる。そういう雰囲気ではなくても、岬周りだとか、ディープ隣接のフラットとか、いかにも小魚がクルーズしそうなエリアをチェックしてみて、ダメならベイトフィッシュは沈んでいる、バスも沈んでいるという想定のもとで中層狙いにシフトしてみればいい。

　じゃあ、中層をどう狙うか？　来週はそのあたりを解説するつもり。ということで９月の中層攻略、何を使うか考えてみてください。

マツ：宿題ですね？

田辺：宿題です(笑)。

TACKLE DATA

■ロッド：ロードランナー・ヴォイス・
　　　　　ハードベイトスペシャルHB680L［ノリーズ］
■リール：カルカッタコンクエスト100DC、SLX MGL70、
　　　　　SLX MGL70HGなど［シマノ］
■ライン：シーガーR18フロロリミテッド12ポンド［クレハ］

【アーリーフォール中層攻略・前編】

水深10メートルでも有効な
ミドルレンジの巻きがある!!

マツ: あら、田辺さん、もしかして今まさに釣りしてます?

田辺: ハイ、津久井湖におります。

マツ: もしかして取材でしょうか? お電話していて大丈夫ですか?

田辺: 今日はプロトのテストで来ているから大丈夫だよ。

マツ: すみません。ちなみに本日の津久井はいかがでしょうか? 釣れてますか?

田辺: いや、昨日から入ってるんだけどね。いま手掛けてるフラットサイドクランクがあるんだけど、それを試しにきたんだよ。そうしたら、開始5分くらいでそこそこの魚が釣れてさ。「津久井でこの反応ってことはかなりイケてるのか?」なんて思ってたら、そこから延々バイトなし。最近の津久井はデカい個体が上ずってるっていう話を聞いてたんだけど…。

今日はまったく違う釣り。スピニングにPE0.2〜0.3号っていう釣りを試してみようと思ってね。

マツ：房総系フィネスですね？

田辺：って言っても、使ってるのは1/8オンスのジグヘッドにシュリルピン4インチだったりするんだけどな(笑)。

マツ：操作感とか、やっぱり違いますか？

田辺：感度とか操作感は、やっぱりかなり明確だよ。水深8メートルに落とし込んでいっても、ちゃんとボトムが分かるからね。ただ、フッキングとかファイトは、ラインの伸びがないぶん慣れが必要だな。最初のアタリなんか、それほど力を入れたつもりはなかったんだけど、ブレイクしちゃったから…。ドラグをかなりズルズルに調整しておく必要があるね。

　とりあえず、今日の前半はこの釣りを徹底的にやってみて3尾キャッチしてます。

マツ：水深8メートル…そんなディープをやるのは久しぶりなのでは？(笑)

田辺：たまにはこういうスローダウンもきっちりとやっておかないとな。いざというときにやり切れない。取材中とかに練習するわけにはいかないからね(笑)。

　よし、じゃあ本題にいこうか。

マツ：ハイ。先週はビハドウ110による表層のアプローチ。で、今回は、じゃあベイトフィッシュが沈んでいるようであれば、中層をどう釣るか？　というのが宿題でした。

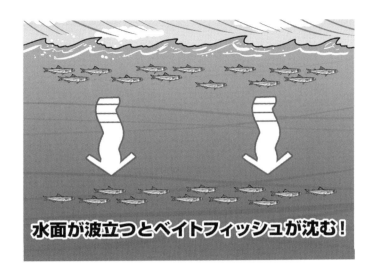

田辺：ウン。で、マツはちゃんと考えた？

マツ：ハイ。季節的に巻きを入れていくのが王道かな、と。ならば僕は、スピナーベイトで決定です。しかもクリスタルS3/8オンス‼ なんてったって去年と今年で1個ずつアームを折ってますから(笑)。

田辺：なに？ またヘンなチューンでもしようとして失敗したのか？

マツ：違います！ 釣り過ぎて金属疲労で折れたんです‼

田辺：分かってるよ。自慢だろ(笑)。

マツ：ええ、ハッキリ言って自慢です。

田辺：そうだな、スピナーベイトもアリだよ。でも、オレが今回考えていたのはクランクベイト。魚が沈んだ場合に重要なのは、

その湖の、その日のコンディション。言ってしまえば、水質だな。それが普段どおりなのか？ あるいは濁ってるのか？ 水質によって使うルアーが変わってくる。

マツ：それは、時期的に台風とかも関係してくるということでしょうか？

田辺：もちろん。台風だったり、淡水赤潮だったり…ターンオーバーにはまだ早いけれど、**水質を左右する要素が何かしら存在するのも9月なんだよ。で、普段よりも濁っているようなら、クランクベイトを巻いてみる。**具体的にはショットオーバー2だな。

ショットオーバー2［シリーズ］

マツ：田辺さん、その場合って、ベイトフィッシュのレンジに合わせるってことなんでしょうか？

田辺：基本、狙う場所っていうのは、前回のビハドウと一緒。どこでも可能性がある。だから、リザーバーだったら水深10メートルの沖の障害物なんかもアリなのは変わらない。**でも、たとえそんな沖でも魚のいるレンジは表層か、ちょっと沈んだレンジ2〜2.5メートル程度。それ以上は深追いしない。**

そこにきて濁っているっていう条件をプラスすると、スローに引いてもちゃんと動いてくれるクランクベイト、ということでオーバー2が使いやすいんだ。ちゃんと存在をアピールしてくれるし、一定のレンジをキープしやすいからね。

　たとえば、沖の係留船とかフロートフェンスとか、その下に何もない浮き物があったとするよね。そういったカバーの表層を引いても反応がなくて、実際に近づいても魚が見えないと「いない」って思ってしまうでしょ？

　ところが、ちょっと沈んだレンジにバスが浮いている場合がけっこう多いんだよ。

マツ：それは、アンカーロープとかボトムへ続く縦のストラクチャーがなくても？

田辺：なくても。けっこう、それが盲点だったりする。シェードとプランクトンが関係してるんだろうね。そのあたりはシンプルな公式だよ。

マツ：水深10メートルの2メートルレンジでクランキング…なんかいまいちイメージできないような…。

田辺：甘いな(笑)。全然アリだよ。たしかに、気持ち的に潜らせて釣るのはノー感じかもしれないけれど、「アリ」と思ってやれば釣れるから。それで釣れれば、「あ、こういうパターンが本当にあるんだ」って引き出しが増えるわけだよ。

マツ：それって、とても大切ですよね。

田辺：大切です。「またまたぁ〜そんなのないんじゃないの？」

なんて思わないで、実践あるのみ(笑)。

マツ：タックルはどういったものを？

田辺：前回紹介したビハドウと同じ680Lのセッティングで OK。ココって場所を表層からチェックしてみて、ある程度やってダメだったらレンジを下げてみる。そんな感じでローテーションしていけばいい。

マツ：ちなみに田辺さん、ショットオーバー２は濁ってる場合の話ですよね？　じゃあ、濁ってない場合は？

田辺：それは今週の宿題です(笑)。みなさんも考えてみてくださいね!!　ということで来週もよろしく!!

TACKLE DATA

■ロッド：ロードランナー・ヴォイス・
　　　　　ハードベイトスペシャルHB680L［ノリーズ］
■リール：アンタレス、SLX MGL70、
　　　　　カルカッタコンクエスト100DCなど［シマノ］
■ライン：シーガーR18フロロリミテッド12ポンド［クレハ］

【アーリーフォール中層攻略・後編】

どこでもいい！ なんでもいい！
強すぎないものを、
とにかく投げてみる!!

マツ：では、さっそく先週の宿題ですが？

田辺：濁ってないときの中層攻略な。マツはどうよ？

マツ：いろいろ考えたんですけど…普段の水質なら、クランクよりも弱いアピールで表層のちょい下、2～2.5メートルの一定層を引けるっていうのがキモだと思うんですけど…スピナーベイトでもないわけですよね。ってことで…。

田辺：ってことで？

マツ：まるで思い浮かびません(^▽^;)

田辺：え？ ホントか？ 引き出し、少なすぎやしないか？

マツ：じゃあ、スイムジグ？ これまでに2尾しか釣ったことないですけど…。

田辺：「じゃあ」ってなんだよ(笑)。いやたしかに、それはそれでありだけどな。ただ、オレが今回用意した答えはコレ、スプーン

テールライブロールとプロリグスピンの組み合わせ。

　ブレードはコロラドを付けてるけど、ウィローリーフでも構わない。そのあたりは、あまり深く考えなくていい。もちろんスプーンテール単体のジグヘッドリグを引いても良いんだけれど、プロリグとの組み合わせは"ちょっと沈んだレンジ"を通しやすいんだ。**考え方としてはいたってシンプルで"強すぎないものを引く"っていう感じだな。**

プロリグスピン [ノリーズ]
＋スプーンテールライブロール4.5インチ [ノリーズ]

マツ：なるほど。プロリグなら微妙な引き感もあるから、僕でもできそうです(笑)。

田辺：だろ。あとはもうとにかく投げてみる。ぶっちゃけ、なんでもいいよ。縦ストだろうが、浮き物だろうが…沖にある障害物で、そこにプランクトンが発生していて、オイカワでもブルーギルでもベイトフィッシュがいそうだと思ったら、バスもいると思って投げて巻いてみる。

マツ：その場合の沖の障害物というのは、岸からの距離も考えたほうが良いんでしょうか？

田辺：とくに制限はない。

マツ：かなり沖でも？

田辺：どこでもいい、なんでもいい。それが9月なんだよ。

マツ：「どこでもいい、なんでもいい」。格言ですね。ちなみにタックルは…こういった、コンビネーション系ルアーって、普通に巻き物のタックルで良いんでしょうか。

田辺：別にベイトタックルでやっても良いんだけれど、俺自身はこの釣りにはスピニングのほうが合ってる。実際に使っているのはハードベイトスペシャルの660MLS-SGt。感覚的に、ルアーを浮き上がらせずに一定レンジを引きやすいんだ。PEラインは、もちろん飛距離を稼ぐことができるし、低弾性ティップとロッドアクションとのバランスでフッキング率の向上にもひと役買ってくれるんだけど、**もうひとつ、PEの浮力を利用することで浮かせすぎず、沈ませすぎないトレースが可能なんだよ。**

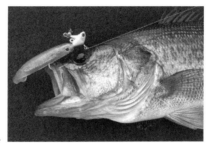

マツ：う〜む、なるほど…ちなみに田辺さん、ひとつ聞いていいですか？　このセッティングだとプロリグとスプーンテールとあわせて目が合計4つになっちゃいますけど…。

田辺：お、まさに目の付けどころが違うな！　うしろの2つがバイトマーカーになるだろ!!　って、あまり細かいことは気にするな(笑)。

マツ：あともうひとつ。9月といえば台風シーズンじゃないですか、そのあたりの話が出てきませんが？

田辺：分かってますよ(笑)。台風絡みは来週解説しようと思ってました。

マツ：スミマセン(^▽^;)

TACKLE DATA

■ロッド：ロードランナー・ヴォイス・
　　　　ハードベイトスペシャルHB660MLS-SGt [ノリーズ]
■リール：ステラ2500 [シマノ]
■ライン：PE0.6号
※リーダーはシーガーR18フロロリミテッド8ポンド[クレハ]をひとひろ
　(リールに巻き込まないくらいの長さ)

NORIO'S ADVICE

ニュートラルなバスは、一瞬のスイッチで食わせるべし！

クリアウォーターの中層狙いというのは、ある意味、かなり難しい釣りになってくる。表層に反応してくれるのであれば、確率の高い釣りになるけれど、中層は流れが生じていたり、ものすごい数のベイトフィッシュがいるとか、何かしらキーになる状況が存在しないと、たとえバスがいてもスルーされてしまうことが大半。とくにビッグフィッシュは頭が切れるし、中途半端な状態で立ち向かっていっても何も起きてくれないことが多い。

そこにきて中層i字系は手堅い選択のひとつではある。ただし最近の俺は、ビッグスプーン（ダイラッカ）のイレギュラーなリフト＆フォールや、動きの幅を抑えたブレーデッドジグ系（フラチャット5/8オンス＋レディーバランス）の速引きなど、一瞬のスイッチを入れられるルアーで対応することが多いね。

ダイラッカ [ノリーズ]　　　フラチャット [ノリーズ]
　　　　　　　　　　　＋5.8インチレディーバランス [ノリーズ]

【シャローの"底物"ベイトパターン!!】

勝負が早い食わせの釣り、田辺流!!

マツ：先週台風の話をしてたじゃないですか？ 今週はそのへんについて語るぞ、と。そしたらドンピシャで台風が来たからビックリです。さすが田辺さん!! って思いましたもん。

田辺：だろ？(笑) 関東には上陸せずにそれちゃったけどな。

マツ：ですね(笑)。

田辺：ただ、台風がらみのパターンは、別に今年だけに限った話じゃない。もちろん、このあとにも来るかもしれないし…とってもシンプルだから頭のなかに入れておけばいいよ。と、その解説をする前に、今日は前回の話の続きをしておくよ。

9月の釣りってことで、ここまで沖に出ている小魚系ベイトのパターンを挙げたでしょ。それともうひとつプラスしておきたいのが、底物ベイトを捕食している個体のパターン。

マツ：沖の底物、でしょうか？

田辺：ちがう、違う。沖は沖、表層とちょっと沈んだレンジだけを意識していけばいい。沖のディープなんて、やり切れないだろ？(笑) **で、沖がダメだった場合に考えたいのが、シャローの底物ベイトを捕食しているバス。**

岸近くにいて、ボトムのベイトを意識していて、でもそういったバスも基本的にはサスペンドしてるんだよ。たとえば水深2メートルでもボトムべったりにいるわけではなくて、障害物に付いて浮いていたりするわけだ。そんな魚を釣るには…。

マツ：釣るには？

田辺：今日はここまで!! 来週までの宿題な。

マツ：って早すぎるでしょ(^▽^;)

田辺：冗談だよ(笑)。もし、魚が付いている障害物がヘビーカバーだったら、普通にエスケープツインとかのテキサスでもいいんだよ。**一等地のゴージャスなカバーに付いている魚だったら、ストンと落とせばパクっと食い止めてくれる。**

でも、それが杭1本だったり、コンクリート柱だったり、薄いカバーだったり…言ってみればしょぼい障害物だとなかなかテキサスリグじゃあ食い止めてくれない。そんなに世のなか甘くない(笑)。そういうスポットに入れたいのが、シュリルピン6.5インチのネコリグ。

シュリルピン6.5インチ [ノリーズ] ネコリグ

オープンな場所だと、ライトリグをシェイクしながらスイミングさせて…なんて考えるけど、このワームならアピール力もあるしフォール一発でOK！ 落としたら、「勝手にラインが走ってます」みたいな(笑)。6.5インチだとデカくて投げやすいしね。

フォールで食わなくても、ボトムに着いたらせいぜいワンアクションかツーアクションでピックアップして、次を撃っていけばいいから勝負が早いんだよ。

マツ：底物ベイトってことは基本、エビとかダボハゼ系をイメージするってことですよね。

田辺：そう。**小魚に付いて沖に出ていく個体や回遊する個体もいるけれど、その一方でシャローでエビなんかを好んで捕食するバスもいる。**個体による嗜好の違いっていうのかな。そ

ういう傾向もひっくるめて9月だということです。

マツ：ネコで使うってことは、ネイルシンカーを入れるわけですよね。その場合の重さはどれくらいなんでしょうか？

田辺：1/20オンスだな。ちょっと速めに沈めたいから重くしようとか、ゆっくり落としたいから軽くするとか、いろいろ試してみたんだけれど、オレ的に一番しっくりくるのがこのウエイト。だから、状況に合わせて重さを変えるなんてことはしないで、それこそシンプルに1/20オンスだけで良いと思う。

　どっちかっていうと俺、こういう釣りは苦手でしょ。じゃあ、そもそもなんでこのワームを作ったのかっていうと、やっぱりネコリグってちゃんとデカいのが釣れるんだよ。だから徹底的にこだわって作ったわけだ。誰が使っても釣れるワームを作ろう、ってね(笑)。

マツ：田辺さんでもできるネコリグ用ワームだと(笑)。

田辺：もしかして今バカにしただろ？　いや、でもまさにそう。結構、そこの部分は重要だよ(笑)。ということで！

マツ：ということで？

田辺：台風パターンの話はまた明日ね(笑)。

TACKLE DATA

- ■ロッド：ロードランナー・ストラクチャーST650M、ST 680MH、LTT650MH など［ノリーズ］
- ■リール：アンタレス、SLX MGL70、SLX MGL70HG、メタニウム MGL HG など［シマノ］
- ■ライン：シーガーR18 フロロリミテッド 14 ポンド［クレハ］

NORIO'S ADVICE
記憶に残る釣りをするために

シャローに近い障害物やウィードについてテナガエビやスジエビなどを捕食している個体に対して、状況さえ良ければスピナーベイトやクランクベイト、ブレーデッドジグなどの巻き物ゲームは当然存在する。ただ、通常のニュートラルなコンディションでは、どうしても食わせ系スローダウンが必要となってしまう。そんなときは、ワームを大きくした食わせ系リグを入れることにより、サイズを選んで釣ることが可能だ。

とはいえ、最近の俺はそうした魚をハナからスルー、一瞬の時合いを求めてパワーゲームに打って出ることが多い。ディープクランク（ショットオーバー5など）のシャロー引きやマグナムクランク（ショットストーミーマグナムなど）、パワーロールの高速巻き、シャロー・ダイラッカなど、食えば特大サイズの可能性が高い釣りを敢行する。

一瞬でたたみかけるゲーム。記憶に残る釣りをするためには、自分から仕掛けていくことが必要だからだ。

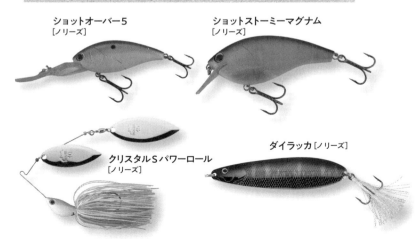

ショットオーバー5 ［ノリーズ］

ショットストーミーマグナム ［ノリーズ］

クリスタルSパワーロール ［ノリーズ］

ダイラッカ［ノリーズ］

9月第4週／シャローの"底物"ベイトパターン!!

9月 第4週その2
【台風絡みの鉄板パターン!!】

濁りを生かす、王道パワーゲーム!!

マツ：昨日の続きですけど…台風、さっそく次が来てますね。そんなタイミングで台風絡みのパターンとなるわけですが？

田辺：おあつらえ向きだな。って言っても、台風が来ている最中に釣りに行けっていう話じゃない。何より安全が第一だからね。だから上陸前や、過ぎ去ったあとのパターン。狙うスポットはぶっちゃけ流れ込みだよ。台風に伴って、おそらくは雨が降るよね。当然、それによって流れ込みに濁りが入るわけだ。で、その濁りはじめと澄みはじめ、いや、「すでに濁っちゃってます」っていう状況でも構わない。

要するに、濁りを有利に生かせ、と。

そもそも流れ込みには魚がいます。でも、そんな場所は夏の間中、誰もが狙うわけで、天才クンになっているわけだ。サイトだとか超フィネスだとか、極めてテクニカルなワザを駆使しないとルアーなんて見向きもしないような、ね。

マツ：そんな魚を食わせられるのが、台風絡みのパターンだ、と。

田辺：そう。とくにクリアレイクの場合が顕著なんだけど、普通の状況だったら巻き物なんか思いっきり無視されるでしょ。**でもそれを、「大丈夫、普通に巻いちゃってイイヨ!!」って状況にしてくれるのが、この時期の台風がもたらす濁りなんだ。**

マツ：いやぁ田辺さん、申し訳ないですけどここから先、ちょっと語っちゃっていいですか？

　あれは忘れもしない台風明けの…2日後だったかな？　場所は関東の超ハイプレクリアリザーバーですよ。それまで、そのレイクで巻き物なんてロクに投げたことも釣ったこともなかったんですが…当日はほぼ全域ド茶濁りになっていて…増水で足場は少ないし、釣れないし、途方に暮れてたんですけど、最後に入ったクリークの水がすでにクリアになってたんです。で、その流れ込みにかなり大きなゴミ溜まりができていて、ちょうどその下が濁りの境目になってまして。コレは！　と思ってゴミ溜まりのエッジを狙ったら45センチクラスが3尾釣れちゃいました!!　そのときのルアー、なんだったと思います？

田辺：クリスタルＳの1/2オンスだろ。

マツ：う!?　なぜそれを？

田辺：「台風後の濁りが入ったインレットにはクリスタルS‼」って、マツに教えたのオレだよ。っていうかその話を聞かされるの、これで5回目くらいだし(笑)。

クリスタルS1/2オンス
[ノリーズ]

マツ：……ですよね〜‼(笑)

田辺：いつでも効く釣りじゃない。でも、知ってさえいれば、そういう状況に遭遇したときにマツでも巻けるわけだ(笑)。

　ここ数年の傾向として、春（4〜6月）の大雨による濁りは、たぶん農薬の影響なんだろうけど強い釣りでハマる場所が少なくなってきてる。でも、秋の台風に絡んだ濁りはあいかわらず爆釣のサイン。

　関東に関して言えば、ここのところ一気に気温が下がっちゃってるから何とも微妙だけど、**普通に考えると9月の雨はまだ冷たくないから、流れ込みから魚が退かないんだよ。**これが10月後半とかになってしまうと、冷たすぎて敬遠しちゃう場合がある。そのあたりは考慮しなくちゃダメだけどな。

マツ：同じ巻き物でもクランクベイトはどうなんですか？

田辺：それもまあまあアリだよ。でも、オレの場合はスピナー

ベイトのほうがしっくりくる。それこそ、**台風後でゴミなんかが浮いていても、ストレスなく巻けるしね。**クランクベイトだと、ゴミを拾ってちゃんと動かなかったり思いどおりのコースを引けなかったりするからね。

　しかもオリジナルのクリスタルＳを挙げてるのは、ゆっくり引けてアピール力が強いから。1/2オンスなら飛距離を稼ぐこともできるしね。

　まぁ、あまり難しく考える必要はなくて、台風の雨の影響でインレットに濁りが入ったら、とにかくスピナーベイトを巻いてみる。これはもう確固たるパターンですよ。

　それともうひとつ、**もっとも激アツになるのが、台風・大雨・増水という状況になってもうっすらとしか濁らないような天然湖なんだ。**河川の流れ込みを持たず、ほんのわずか水色が変化している程度。でも、バスがイケイケになっているケースが多々あることを頭のなかに入れておくといいよ。そんなときは数日間にわたって時合いが続くんだ。魚のいる水深に合わせて、あらゆる巻き物でガンガン攻めてほしいね。

TACKLE DATA

■ロッド：ロードランナー・ヴォイス・ハードベイトスペシャルHB680M、
　　HB640ML、HB760L、LTT650MH、LTT680MHなど［ノリーズ］
■リール：カルカッタコンクエスト100DC［シマノ］
■ライン：シーガーR18フロロリミテッド16ポンド［クレハ］

第1週【巻いて釣れる月のキホン・Part1】

今巻かないで、いつ巻くの？
強波動で
ターンオーバーを克服せよ!!

田辺：今週から10月だよな。10月ともなるとゲームを進めるうえで、どうしても無視できない要素がある。なんだと思う？ これはすぐに分かるだろ。

マツ：ターンオーバー…でしょうか？

田辺：そうです。もうこれからの時期は、少なからずターンの影響を考慮する必要がある。それをどう克服するかが課題だと言い切ってもいいだろうね。

週明けに取材があって台風の吹き返しで風がすごかったんだよ。この場合は水温低下のターンとは違うけれど、当然水域の水が思いっきりかき混ぜられて、いわばターンと同じような状況になってしまっていた。こんなとき、マツならどうする？

マツ：風が吹いていて濁りが入っているなら、巻きます。

田辺：ウン、それが正解。**そこでオダとかピンの場所にライト**

リグを入れていっても、まず食わせられない。だからオレ自身は、逆に自分の釣りで突き進んでいく。それが可能なのもこの時期なんだ。

　でね、シンプルに考えていけば、ターンがひどくなければ普通に巻いて釣れるんだ。**『10月は巻いて釣れる月』、これが大前提。**基本中の基本です‼　まずはそういう釣りをとことん試してみて、ダメだったら次を考えればいい。

マツ：では、田辺さんがまず投げるのは？

田辺：そりゃやっぱり、スピナーベイトだよ。ただし、ここで選ぶのは強波動系。具体的にはクリスタルSシャローロールとか、コロラドブレードを装着してるモデル。

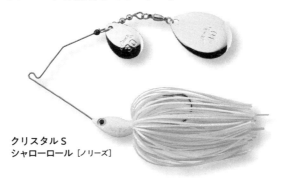

**クリスタルS
シャローロール**［シリーズ］

　そりゃ、思いっきりクリアな山上湖だったら違う選択肢が必要だよ…それでもターンが入っていたら澄んでいるように見えてうっすら白濁していたり、普段ステインとかマッディな水質だったら、いつも以上に濁りがきつかったり。そうなってくると、タフだと思って同じスピナーベイトでもついつい食わせ

の方向に走ってコンパクトなサイズのもの、しかもダブルウィローのモデルを選んだりしがちだけれど、それは間違い。そんな弱っちいのじゃ魚を引っ張れない。そうじゃなくて、**この時期は引いたときにちゃんと手元にバイブレーションが伝わってくるモデルを選ぶことが大切なんだ。**

　だから、レンジによってはフロントにコロラドが入ってデカめのウィローが付いてるレギュラーモデルの1/2オンスもアリだし、スーパースローロールもボックスに入れておいたほうがいい。クリスタルSの、そのあたりのラインナップはこの時期のマストだと断言しておくよ。

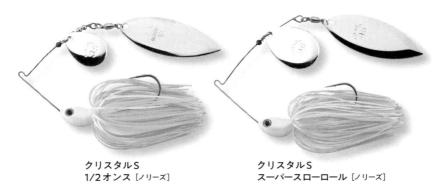

クリスタルS
1/2オンス [シリーズ]

クリスタルS
スーパースローロール [シリーズ]

　たとえばスーパースローロールは、濁りが入ったりすれば別だけれど、基本的には春に多用するわけでもないし、ましてや夏に出番があるわけでもない。10〜11月が一番活躍してくれるんだ。それは裏を返せば、まさにこの時期こそ強波動のルアーが効くということ。

マツ：ということは、カラーも目立つほうが良いんでしょうか？

田辺：色はね、濁ってるから派手なもののほうがいいかというとそういうわけでもないんだな。 その事実からも、この時期は波動、あと音だな。そっちの要素のほうが大切です。まあ、とにかく巻きまくれ、と。

マツ：今、田辺さんが言ったように、クリスタルSシリーズってラインナップが豊富じゃないですか？　それぞれに適したロッドがあると思うんですが、1本に絞るなら田辺さん的には何ですか？

田辺：細かくきっちりと使い分けていくならウエイトやタイプ別にロッドを用意するけど、1本でひととおりこなそうと思ったら、ハードベイトスペシャルの760Lだね。ちゃんとルアーの重さを乗せられるティップなんだけど、長いからテレスコピック仕様にしてあるし、そのぶんバットがしっかりしているから、3/8オンスでも3/4オンスでも使いづらさは感じないはずだよ。

　ナナロクって聞くと、それだけで"長い"と思ってしまうかもしれない。でも、ガチガチのフリッピングロッドじゃないから、実際に使ってみれば、投げやすいし、トレースコースの調整がイージーにできるし、十分なフッキングパワーを確保できるし、メリットのほうが圧倒的に多いことに気付くはずですよ。

マツ：たしかに…ぜんぜん長すぎる感はありませんからね！では最後に、どんな場所で巻くのかを教えてください。

田辺：基本はシャロー。もちろんカバーに絡めたり、ウィードに

絡めたりっていうのが有効だよ。**ただ意外に、リップラップとかハードボトムとか、夏のあいだは良かった水通しの良い場所は機能してくれないケースが多い。**そこにブッシュとかプラスの複合要素がないと…水通しが良いっていうのは、イコール・よりかき混ぜられやすいってことだからね。

マツ：いやぁ、田辺さんの話を聞いていたら、すっかり巻きたくなってきました(笑)。

田辺：「今巻かないで、いつ巻くの？」っていうタイミングだからね。みんなにも、まずはぜひ巻いてもらいたいね。もちろん、この時期に有効な巻きはほかにもある。来週はそのあたりを紹介するよ！

マツ：よろしくお願いいたします！

TACKLE DATA

■ロッド：ロードランナー・ヴォイス・
　ハードベイトスペシャル HB760L ［ノリーズ］
■リール：カルカッタコンクエスト100DC ［シマノ］
■ライン：シーガーR18 フロロリミテッド14ポンド ［クレハ］

第2週 【巻いて釣れる月のキホン・Part2】

強波動・プラス・音で誘う リアクションの釣り!!

マツ：先週からの流れでさっそく本題に。巻き物といえばスピナーベイトのほかにもあるわけですが？

田辺：もちろん。今週の主役は先に言っちゃえばクランクベイトだよ。クランクもちゃんと強い波動で誘ってくれるからね。**10月の釣行でスピナーベイトとクランクベイトを持っていかないなんて、オレのなかでは考えられない。**この2つを抜きにしたゲームはありえないと言い切ってもいい。スピナーベイトを先週取り上げたけれど、先に紹介したからってそこに優劣があるわけじゃない。出番は同等にあると考えてもらいたいね。

　ただし、クランクベイトはより障害物へのコンタクトを意識して使ったほうがいい。要するに"ぶつけろ"ってことです。基本的にはリアクションの釣りであって、波動・プラス・ぶつけたときの音で誘うイメージだね。

マツ：使う場所は、スピナーベイトと同じだと考えていいんでしょうか？

田辺：それは、使い手の技術レベルにもよるよ。巻き物って、たしかにシンプルに巻けばいいんだけれど、だからこそすごく奥が深い部分がある。

　たとえばウィードエリアを釣る場合、ウィードのツラを通す感覚っていうのが分からなければ、クランクよりウィードを上手くスリ抜けてくれるスピナーベイトのほうがトレースしやすいかもしれない。潜行深度が合っていないクランクで、スピードを考えずにグリグリ巻いていたら、即ウィードにスタックしてしまうからね。

　でも、だからといって重いスピナーベイトしか持っていなかったりすると、これまた投げるたびに藻ダルマになってしまってお話にならなかったり…逆に水面からウィードのトップまでの距離にピッタリ合った潜行深度のクランクベイトを選ぶことができれば、むしろビギナーの場合はそちらのほうがオートマチックに使えるよね。

　そのあたりをしっかり把握しているアングラーなら、どっちもありだし。分からなければ、**まずは根がかりしやすいかどうかを基準に選ぶといい。**カバーが多いならスピナーベイト、少ないならクランク、という具合いにね。

マツ：じゃあ、この時期に使うクランクベイトというのは？

田辺：湖にもよるけれど…こいつだけを持っていこうって限定

するのは難しい。さっきの話と同じで、それなりにクランクの釣りを理解しているアングラーだったら、ひとつのクランクでも、ニーリングしたり、ラインの太さを替えたり、キャスト距離やロッドの保持位置である程度は潜行深度を調整できるけれど、そうだな…。

　たとえば、ショットオーバー5。その名のとおり、これは5メートル以深を狙えるディープクランクだから助走距離を稼げば当然5メートル以上のディープボトムを叩くことができる。でも、場合によっちゃわざとショートディスタンスのキャストで潜行深

ショットオーバー5［ノリーズ］

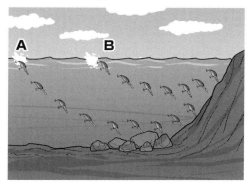

同じクランクベイトでも、キャストの距離によって潜行深度は変えられる。遠くに投げれば深く、近ければ浅くなるということ。ロッドポジションも変えていけば、より潜行深度に幅を持たせることが可能だ。

度を浅くして、オーバー５の強波動で誘うのが有効なケースもある。もちろん、その場合も何かにぶつけるのが効果的だよ。

　って、この手の話を始めると、とっても長くなっちゃうんですけど…(笑)。

　そのあたりを踏まえるとクランクが苦手なアングラーこそ、ショットオーバーシリーズの２、３、４、５全部持っていくことをオススメします。あまり難しく考えなくても、ルアーを替えれば自動的にトレースレンジを変えることができるから。当たり前だけど、このシリーズは投げやすいし、ちゃんと波動と音を出してくれて、根がかり回避性能も高い。せっかく、釣れるレンジをトレースできても、引っ掛かっちゃうクランクじゃチャンスを潰してしまうからね。

マツ：う〜む、なるほど。でも、田辺さん、そうなると持っていくロッドの本数がかなり多くなっちゃうと思うんですけど(汗)。

田辺：ところが、スピナーベイトも含めて１本で事足りちゃうのがあるんだなぁ。先週紹介したハードベイトスペシャルの760Ｌ。これがあればひととおりの巻きの釣りをちゃんとこなせるよ。

マツ：なんと!!　では、「とにかく今月はまず巻きなさい!!」ということでよろしいでしょうか？

田辺：ハイ、10月は『スピナーベイトとクランクを持たずして釣りに行くな!!』ということでよろしくお願いします(笑)。

　まあ、使うロッドについて付け加えるなら…ロッド選択で最初に考えるのは、ルアーの自重を上手く乗せられて投げやすい

か、ということじゃないかな。長さについては、距離や障害物（オーバーハングなど）の有無に応じて選べばいい。

大切なのは、使うルアーに装着されたフックの軸の太さに応じて、バスの口にカエシまでしっかり刺さる強さを持ち合わせているかどうか。相手との距離にもよるけれど、いくら吸い込みを良くしたセッティングでも、ちゃんと刺さらなければバラしてしまうからね。

速く巻いているときは柔らかめでも刺さるし、スローロールのようにティップが曲がらないぐらいゆっくり巻くときは強めじゃないと掛けられないとか、考えるべきことはいろいろある。

使いこなしていくうちに、このルアー、この釣り方には、このロッドとリール、ラインというふうに自分なりのセッティングが出来上がっていくはずだよ。

TACKLE DATA

■ロッド：ロードランナー・ヴォイス・ハードベイトスペシャルHB760L、HB680M、HB640ML、LTT650M、LTT650MH、LTT680MHなど［ノリーズ］
■リール：アンタレス、カルカッタコンクエスト100DCなど［シマノ］
■ライン：シーガーR18フロロリミテッド14ポンド［クレハ］

第3週【ターンオーバー攻略シャロー編!!】

とにかく奥!! の
パワーゲーム。

マツ：月末はオールスターがあるわけですが、田辺さん、そろそろ練習を始めているのでしょうか？

田辺：今週あたまに２日間、ようすを見てきた。来週はしっかり釣り込むつもりだよ。

マツ：感触はどうですか？

田辺：まあまあ難しいですよ。もろにターンが入っている状況なんだけど、それだけじゃないな、どんどん水温も下がってるし。もう18℃くらいじゃないか？　本湖はともかく、利根川をメインに考えるとバスの反応を左右する要素として流れを気にしなくちゃならない。しかも流れが効いているタイミングの幅がむちゃくちゃ狭いんだ。

マツ：でも、もちろん魚は触ってるんですよね？

田辺：ポツポツね。

マツ：釣り方は…ナイショですよね？(笑)

田辺：そりゃ具体的なことは言えないけど、一番いい魚はグリッパーだったよ。

マツ：なんと!!　本戦でも、そのパターンでイケそうなのでしょうか？

田辺：それができたら最高だけどね。ただ、こればかりは何とも言えない。時期が時期だし、川だし、まだ本戦までは一週間あるわけだからね。まあ、これから煮詰めていきますよ!!

マツ：ぞくぞくしますね!!　それでは今週の田辺的展開、よろしくお願いします!!

田辺：了解!　前回と前々回で、10月の基本はスピナーベイトとクランクベイトだって話をしたよね。巻く釣りが王道だ、と。水が多少悪くなったとしても、波動や音で誘えるルアーは、リアクションで口を使わせることができるからね。

　でも、ターンオーバーがかなり進行していて、巻いてもイマイチっていうときはどうするのか？　今週はそういうタイミングでの釣りを解説するよ。

　マツだったら、どんな釣りを思い浮かべる？

マツ：そうですね…巻いてダメなら、逆に思いっきりフィネスに振る…とか？　スモールワームのダウンショットリグを延々放置！　みたいな食わせのパターンに徹するのはどうでしょうか？

田辺：一生、放置していてください(笑)。**ターンで低活性になった魚に対して、俺のなかでは基本的にフィネスはないな。**そっちを試していくと、むしろ魚を見失ってしまう可能性が高い。もちろん引き出しはいろいろあるんだけれど、ここで話すのはあくまでもデカい個体に絞った考え方だからね。

　そのなかから、まず今回はシャローでの展開について。**答えを先に言ってしまえば、フリッピングです。**

マツ：っていうと、アシやブッシュを延々撃っていくということでしょうか？　そうなると、有効な湖がかなり限定されてしまうような…。

田辺：…キミがフリップする場所って、それだけなのか？　ほかにもあるでしょ？　ヒントはね、ターンの水。

マツ：となると、水質の良いエリアのカバー…でしょうか？

田辺：まあ、間違っちゃいない。たしかにそうなんだけど、曖昧だな(笑)。**要するにターンの影響を受けにくい"カバーの奥"っていうことだよ。**

　湖全体にターンが進んでいて、そのなかでも水質の良いエリアがあるんだったら、もちろんそういった場所を中心に考えていく。でも、どこに行っても泡ブクブク、なんていう状況だったら、シャローカバーの奥の奥。アシだったら際じゃなくて、その奥。ブッシュもなるべく規模のあるものを選んで奥を撃っていく。ウィードのインサイドやパッドエリア、消波ブロックもありだし、岩でもいいよ。もちろんゴミ溜まりだって構わない。

とにかく奥。

外側は水が死んでいても、シャローにはその水が届いていなくて生きた水が存在しているケースが往々にしてあるんだ。しかもその手前に遮るものがあるとフィルター的な役割をはたしてくれる。**ターンの水が蔓延している状況だと、「え？」って思うぐらいの超シャローに魚が入ってるときもあるんだ。**

マツ：奥を狙う…だからフリップなんですね。

田辺：そう。ここでのフリップは、接近戦で手数を増やすためのものじゃない。**ヘビーカバーにきっちり撃ち込めるウエイトのリグを背負えて、自分とバスとのあいだに存在する障害物、つまりカバーの奥や向こう側で魚を掛けてもしっかりと獲り込むためのセッティングだということ。**簡単にルアーが送り込めるようなエッジとかカバーの薄い場所には、たとえ魚がいたとしても口を使ってくれない。

そんな状況では、フィネスなワームの釣りでシャローを撃てば釣れるっていう考えはハナから捨てたほうがいい。シンカーは軽いほうが食いやすいんじゃないか、とか思うかもしれないけど、そんなんじゃ奥に入れられないからね。

マツ：ってことはリグは？

田辺：そうだな…ヒシモとか、ベジテーションの種類によっては比較的軽めのシンカーでも奥に入れることができるけれど、俺的には1/2オンスから上のシンカーでテキサス、具はエスケープツインもしくはビッグエスケープツインだな。ワーム自体のウエイトも含めてコントロールしやすいし、若干スライドフォールをするし、落ちパクを誘発できる力も持っている。

エスケープツイン[ノリーズ]テキサスリグ

ビッグエスケープツイン[ノリーズ]

マツ：当然、フリッピングタックルですよね。

田辺：だな。ロードランナーには760JMHと760JHの2モデルがあって俺の場合はカバーによって替えているんだけど、日本のレイクはだいたいJMHで事足りる場合がほとんどですよ。リールは20ポンドラインをちゃんと巻くことができればOK。リグが重いから、このリールじゃないと投げられないなんてことはないからね(笑)。ラインは基本20ポンドだけど、JHが必要

な場所では25ポンドを巻くこともあります。

マツ：この釣りでは、撃ったあとにアクションを与えて誘ったりはするんでしょうか？

田辺：基本は落ちパク狙い。落として食わなかったら軽く誘う程度で、すぐピックアップ。入れ込む場所をどんどん変えていったほうが効率がいい。**活性が低くなっているとはいえ、そういう場所に入り込んでるデカい個体ってけっこう食い気はあったりするからね。**

　とにかく奥の奥に撃ち込めるかが重要だから、シンカーのウエイトを上げたり、フックをナローギャップのものにしたり、そういった調整が必要になる場合はあるよ。

マツ：いかにも田辺さんらしい、パワーゲームでのスローダウンっていう感じがします。

田辺：これはこれでターンの時期の王道パターン。ぜひ、試してもらいたいね!!

TACKLE DATA

- ロッド：ロードランナー・ヴォイス・ジャングル760JMH もしくは760JH［ノリーズ］
- リール：アンタレス、メタニウムMGL HGなど［シマノ］
- ライン：シーガーR18フロロリミテッド20ポンド［クレハ］

049

第４週【ターンオーバー攻略ディープ編!!】

ワームに食わない魚を狙う、絶対に外せない晩秋のパターン

マツ：オールスター、いよいよ明後日ですね。プラクティスの手応えはいかがでしょうか？

田辺：疲れました…(苦笑)。

マツ：え？？？

田辺：いや、とにかく釣れないんだよ。今の利根川は本当に難しい。そりゃ、ポロッと良いのが出たりはするよ。でも、まったく簡単ではない。

マツ：先週言っていた、バズベイトのパターンは？

田辺：終わりました…呆気なく(笑)。まあ、そんな甘いもんじゃないだろうとは思っていたけどね。ただ、釣れていないなりに、自分のなかでしっかりと筋道は立てたよ。やることはもう決まってる。今回はね、その筋道が立てられなかった選手から沈んでいくと思うんだ。練習の段階で、まったく見えないからと

言って筋道を立てられなかったら、その時点で脱落。だから、ある意味ではかなりおもしろい試合になると思う。

マツ：なるほど。楽しみにしています!! そんな試合直前に申し訳ありませんが、今週のパターンについて、よろしくお願いいたします!!

田辺：よし、じゃあいこうか。先週は超シャローのカバー攻略だったでしょ。奥の奥の、ターンで悪化した水の影響が少ない場所をテキサスで撃つっていう…**今回はその真逆の展開**…ってすると、ルアー自体は10月頭に紹介したのとかぶっちゃうんだよなぁ…。

マツ：真逆ってことは、ディープを攻略するということでしょうか？

田辺：そう。**言ってしまえばスピナーベイトのスローロールですよ。** たとえば3/4オンスのディーパーレンジやパワーロールをディープに入れ込んでっていう… やっぱりこれはこの時期、いやこれから晩秋にかけても絶対に外せないパターンだから挙げておこう。

クリスタルS
ディーパーレンジ3/4オンス［ノリーズ］

クリスタルS
パワーロール3/4オンス［ノリーズ］

当然、水が悪いなかでの釣りだよ。でね、釣れてくるバスは体色が真っ白っていうケースがほとんど。明らかにボトム付近も濁ってるってことだよね。そんな魚は、ワームには食わない。気付かないのか、嫌がるのか、理由は定かではないけれど、**ターンが生じた状況下のディープ狙いでワームで良い釣りをした経験はほとんどないんだ。**

マツ：ワームでは食わせ切れない、と？

田辺：うん、これはあくまでもイメージなんだけれど、ブルブルとブレードが水をつかみながら回転してきて、何かモノに当たったときの音がバイトのきっかけになっているような感じだね。ソフトベイトだと、そもそも波動自体が弱いし、接触音も明確じゃないでしょ。でね、スピナーベイトを引いている最中に食うっていうのも稀なんだ。とにかく何かしらの障害物にぶつかるように引くのがスローロールの鉄則です。

　逆の言い方をすれば、**ボトムに障害物のない場所でスローロールをやっても何も意味がない。**

　そもそも水が悪くなっているわけだから、ベイトフィッシュもバスもストラクチャーやカバーにタイトに付いているわけだ。だから、オダなり岩なりをタイトに、舐めるように引いてやる。そういうトレースの仕方って、クランクベイトでは難しいでしょ。一発ゴンと当てることはできるけれど、そのままバランスを崩して浮き上がっちゃったりするからね。つまり、それこそテキサスリグをズル引きするような感覚で舐めるように引いてき

てボトムのカバーにコンタクトさせるわけですよ。それができるのがスピナーベイトなんだ。

　そういったスポットをスピナーベイトでチェックしてみて、そのあとにワームを入れても、おそらく９割方反応はないはずだよ。最初にスピナーベイトを通したときに食ってくるか、逆に何も反応がないっていうのは良くある話。

マツ：では、最初にワームを通していて、そのあとにスピナーベイトを入れると食ってくる可能性はあるのでしょうか？

田辺：大アリです(笑)。だからワームの釣りだけやっていたとしたら、「あ、ここにはバスがいないんだな」ってなってしまう。スピナーベイトには食ってくる魚がいるかもしれないのにね。

マツ：個人的なイメージなんですが、スローロールは3/4オンスとか重いスピナーベイトを使ってそれなりに水深のある場所で繰り出すメソッドであって、機能する湖が限定されてしまうように思います。たとえば全体的に水深が浅いレイクでもありなんでしょうか。

田辺：もちろんアリ(笑)。**最深部がせいぜい２メートルのマッディシャローでも考え方は同じ。使うスピナーベイトのウエイトやブレードタイプを替えてやれば良いだけの話だよ。**実際、２メートルだったら普通にクリスタルＳのシャローロールを一旦ボトムまで沈めて使ってます。

　ただ、逆にスローロールがやり切れる水深の限界っていうのはある。せいぜい５メートルまでだな。それ以上深くなってし

まうと、いくら重いスピナーベイトを使っても横に引くこと自体が難しくなってしまうからね。

マツ：引き方のコツってありますか？

田辺：ブレードが回転しているのを感じ取ることができるギリギリのスピードでゆっくりとトレースするのがキホン。 ただ、リールを巻きながらのスローロールだと、障害物を乗り越えたときに落とし込むのに慣れが必要かもしれないね。慣れないうちや狙っているレンジが深くて感覚が分かりづらい場合、テキサスリグをズル引きするように、リールを巻かずにロッドを横方向へスイープに移動させて引くといいよ。これだったら、障害物を乗り越えた瞬間にロッドを前に戻してルアーを落とし込めば、それこそ舐めるようなトレースができるからね。

その意味でも、**ロッドはストロークを生かせる長めのほうがやりやすい。**リトリーブにせよ、ロッドワークによるトレースにせよ、障害物を乗り越えたときに、スッとサオを戻せばその分のラインスラックでタイトに落とすことができるからね。なおかつ、コッと一発入るようなアタリをちゃんとアワセられる強さが必要。そうなるとロードランナーならLTTの6100Hとかハードベイトスペシャルの760Mになる。

　ラインは、太いとどうしてもスピナーベイトが浮きやすくなっちゃうから… でも障害物にコンタクトさせることを考えると14ポンドはほしいな。

マツ：こうして考えると、やっぱり10月は巻く釣りが中心なんですね!! とりあえず今月はスピナーベイトを忘れちゃなりませんね!!

田辺：とりあえず、じゃないよ!! 絶対です!! もちろん、クランクベイトも忘れちゃダメだよ(笑)。

TACKLE DATA

- ロッド：ロードランナー・ヴォイスLTT6100H、LTT680MH、LTT680H、ハードベイトスペシャルHB760Mなど［ノリーズ］
- リール：アンタレス、メタニウムDC、カルカッタコンクエスト100DCなど［シマノ］
- ライン：シーガーR18フロロリミテッド14ポンド［クレハ］

普通のゲームのススメ！

だからスピナーベイト

　ついさっき、亀山湖から帰ってきたところです（笑）。

　今週末は九州でテンヤの大会に参加するはずだったんだけど、台風の影響でキャンセルとなり、ならばとストーミーマグナム・ミッド（プロト）を試すべく、足を運んだわけです。

　雨だし、濁っているようだしね。

　そして50アップをキャッチ‼　でも、ヒットルアーはスピナーベイトなんですが（苦笑）。

　クリスタルSパワーロール3/4オンス。

　いや、もちろん投げましたよ。マグナムのミッド。さんざん巻きましたよ。

　で、巻いていて、とある崩落跡に差し掛かったときに、それまで魚探をオンにしていなかったのもあり「たしかこのへんだったはず」と、もう一本のロッドに結んであったパワーロールを投入。

　カウントダウンさせたものの10数えても届かない。ってことは3メートル以上あるってこと？　ならば15まで数えてみたら…「お？届いた」と、思ったら魚でした。それが50アップ（笑）。崩落の先端に着く前に、ズドンとバスが食ってしまったわけです。

　レンジ的には4メートルくらいかな。思いのほか魚のポジションは深い？

　ならばとニーリングを織り交ぜたりしながらマグナムを巻いていくんだけれど、ウンともスンとも言わず、途中で折れて、またパワーロールに変えるとポロッと釣れて、結局トータル3尾キャッチ。追

加した2尾は35センチと40センチくらいで、食ってきたのはシャロー。じゃあマグナムでもいいんじゃないの、と思うんだけれど、そちらには食わない。

　バスのレンジはバラバラ。ただ、デカい魚はちょっと深いところで浮いているんだろうね。シャローでは食ってこなかったわけだから。濁っているけど深いし浮いているから厄介で、他のアングラーはみんな苦戦していたようす。ワームの釣りだとスルーしてしまうし、巻きで食わせないとダメなんだけれど冷え込んでいるからマグナムクランクに反応するほどの活性はない。カバー撃ちや本湖のワカサギパターンで釣っている人もいたけれど、サイズが伸びなかったみたい。

　それを踏まえると、やっぱりパワーロールがちょうど良かったんだろうね。ちょっと深いから3/4オンスはほしい。でも、濁っているから手前に速く来すぎてしまうのはよろしくない。だからディーパーレンジだとイマイチかなと。1/2オンスのスローロールを入れると、そのレンジをしっかりやりきれないし。

　まぁ、こんなときはパワーロールですよ（笑）。

投げ続けること、巻き続けることの意味

　湖上でひとつ気になったのは、周りを見渡してもこういう釣りを実践しているアングラーがほとんどいないということ。当たり前だけれどみんなが投げないから釣果はなく、濁っているからカバーを撃ち、それで釣れた数字だけがボート屋さんの釣果情報としてSNSで拡散されていく。それを見て、訪れるアングラーがまたカバーを撃つ…。朝イチにのむらボートで「最近ハードベイトで釣れていないよね」なんていう話をしていたんだけれど、それは結局、ハードベイトをしっかり投げて、巻いているアングラーがいないだけなんじゃないかな。

　俺自身は、各地のレイクで今年釣った50アップのほとんどをハードベイトで手にしているのです。4尾の60アップも全部ハードベイトだし。亀山ではこれが今年2尾目の50アップだけど、春がジャークベイトで、今回はスピナーベイト。

　言ってみれば、普通のゲームですよ（まぁ、スピナーベイトはちょっと重めですが）。

　だから、「しっかり巻いてみようよ」というのが俺の提案。

　たしかに、亀山をはじめとするメジャーリザーバーの巻き物は簡単じゃない。でも、少なくともここ2週間ほどずっと濁っているわけで、普段の亀山に比べるとチャンスがあるはずなんだ。

　釣れなくても、ワームを封印してとにかく投げ続けてみる。最初はヘビーかもしれないけれど、そのうちにだんだんと釣れるスピードやトレースコースが分かってきて、次のステップに進むことができる。

　その作業を繰り返していくと、きっと新しい世界が見えてくるはずだよ。そしてそうなったとき、今度は、ワームの入れ時、カバーの撃ち時も見えてくるんだよね。

（ルアマガモバイル2017年10月20日掲載）

第1週 【ターン回復の正統派ベイトフィッシュパターン】

もっとも正しい
スピナーベイト活用法‼

マツ：オールスターおつかれさまでした！　田辺さん的にどんな感じでゲームを組んだのでしょうか？

田辺：最初から本流筋のビッグフィッシュ狙いで決め撃ちです(笑)。支流はハナからパス。プラクティスの段階から一度も入らなかったよ。

マツ：というのは？

田辺：JBにしてもW.B.S.にしてもTBCにしても、今現役で試合に参加している選手だったら、状況に合わせてちゃんとスコアを出していく釣りをすべきだと思う。食わせが得意な選手は徹底的に食わせの釣りをして、「俺はどんな状況でも食わせられるぜ」っていうのを示せばいい。クリークが好きなアングラーは、クリークをひたすら回っていく…というふうにね。

　じゃあ俺の場合はというと、小さくまとまってしまったらダメ

でしょ。求められているものが違うと思うんだよ。だからとにかくビッグフィッシュ狙い。しかも自分のスタイルで。そう考えると必然的に本流もしくは本湖勝負になっちゃうんだよな。

マツ：ポテンシャルは本流あるいは本湖のほうが高い、ということでしょうか？

田辺：いや、高いのはポテンシャルじゃなくて魚のクオリティだよ。魚の濃さでいったら、流入河川のほうが圧倒的に多いでしょ。でも、デカさが違う。

マツ：なるほど、数は少ないけれど質が高いのが本流と本湖なんですね。

田辺：そういうこと。まあ詳しい話は置いといて、ヨシ、本題にいこう。

マツ：ハイ。今週から11月に入ったわけですが？

田辺：ウン、11月の釣りね…いや、絶対こうだっていうのを意外に決めづらい、言いづらいのが11月なんだけれど…とくに今年はいまだに例年の10月半ばの一番ターンがきつくなっている状態を保ってしまっているレイクが多いように感じるよ。ターンオーバーの進行がちょっと遅くて、それを引きずっているっていうのかな。

　それなりに水温が下がってしまえば、それ以上ターンっていうのは起こりえない。温かい表層の水が一気に冷やされて、ボトムの水と逆転するのがターンのメカニズムだからね。

　ところが今期は、水温があまり下がらずに程度の軽いターン

を繰り返しているような感じ。ド茶濁りになるわけではないけれど、「なんか白っぽいなぁ」みたいな、それで釣れない状態がずっと続いてしまっている。

マツ：ここのところ耳に入ってくるのは、どの湖も厳しいっていう話なんですよね。

田辺：うん、全国的にそんな感じじゃないかと思うよ。例年より2週間は季節が遅れている感じ…そう考えると、11月の中旬くらいまでは難しい状況が続きそうな気がするよ。

マツ：となると…。

田辺：もうしばらくは、先週まで紹介していた釣り、つまりターンを克服する展開をメインに据えておいたほうが良いということです。シーズナルを前提に普通の勝負をかけていくと、泣きを見るかもしれない(笑)。だから今回はその現実を踏まえたうえで、11月のパターンを紹介したいと思う。

マツ：ってことは、2週目くらいから効いてくる釣りってことですね。

田辺：そう。本来なら11月のあたまからイケてるパターンなんだけれど、今年は2週間くらいズレてるからね。もちろん地域によって差があると思うから、まったく問題なく投入できるレイクもあるかもしれないけれどね。

マツ：そのパターンとは？

田辺：言ってみれば、ターンオーバーが終わって水が回復してからの釣りってこと。これでだいたい分かるんじゃないか？

マツ：シャッドじゃないですか？

田辺：…ちなみにアナタはこの時期にシャッドでハメたことがあるのかな？

マツ：(キッパリ)ありません!!

田辺：………………。

マツ：……………(やっちゃった？)。

田辺：まあいいや(笑)。たしかに、もうちょい季節が進めばシャッドを巻いてもいいけどな。端的に答えを言ってしまえば、スピナーベイトだよ。 **ターンが終わって水質が良くなったのなら、やっぱり普通に巻いて釣れる状況になるわけだ。**

マツ：やはり11月も巻きなんですね。この場合、たとえばクリスタルSシリーズのなかでも「とくにコレ！」というのはあるのでしょうか？

田辺：それは水質しだいだな。クリアなら弱い波動、濁っていれば強い波動、っていうごくごくベーシックな考え方で構わない。基準になるのは、オリジナルの3/8オンスと1/2オンス。

クリスタルS3/8オンス
[ノリーズ]

クリスタルS1/2オンス
[ノリーズ]

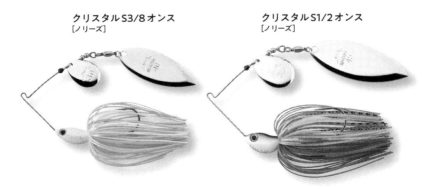

062

まずはこれらを、普通に投げて普通に巻いてみるといいよ。速くもなく遅くもないミディアムリトリーブなら、だいたい水面下50センチくらいをトレースできるはずなんだけど、それでいい。

マツ：具体的にこんな場所を狙うっていうのはありますか？　たとえば、ちょっと冬を意識したエリア、とか。

田辺：ターンが落ち着いてきて魚が動き出せば、当然エサを捕食しようとするわけだよ。だから、季節を意識する必要はない。まだ流れがあってもぜんぜん大丈夫。それよりも**絶対条件としてはベイトフィッシュのいる場所だな**。それが小魚であっても、エビであっても、スピナーベイトで構わない。なぜかっていうと、このパターンで狙っているのはヤル気のある魚だから。シャローでも水深3メートルであっても、上から50センチで食う魚は食っちゃう。もちろん、障害物に絡めていくのが前提だよ。

　そこに陣取っているだろう強い個体を浮かせて食わせるっていう、一番正しいスピナーベイトの使い方ですよ。

マツ：そういう使い方のできる時期だ、と。

田辺：そう、ただ巻けば、向こうから勝手に食ってくれる。簡単でしょ？

マツ：この場合の障害物っていうのは…。

田辺：水面から突き出ている、もしくは水面に近いところまできている縦のストラクチャーやカバー。ブッシュでも杭でも立木でも橋脚でもウィードでもなんでもいいよ。ただ、その場所に

ベイトフィッシュがいないとダメ。見た目の魚ッ気とか、魚探の反応とか、むしろそっちのほうが大事だね。あとはもう投げ倒すだけ(笑)。コレ一本で一日釣ってみれば、ちゃんと結果は出せるはずだよ。

そりゃ一日中釣れるってわけじゃないけれど、一日のなかで何度か時合いが訪れるはず。**で、終わってみればほかの釣りをしていたアングラーよりも良い魚をしっかり手にしてるっていうのがこの時期のスピナーベイトなんだ。**

マツ：ロッドはハードベイトスペシャルの760Lでいいですよね。

田辺：もちろん。ただし手返しの良さとアキュラシー、3/8〜1/2オンスをメインに使うことを考えると場所を問わずどこでも扱いやすいのが640MLだね。　飛距離を稼ぐこともできるから、

陸っぱりでも重宝するロッドだよ。

マツ：この場合、ラインは…。

田辺：基本的に（スピナーベイトを）沈めて使うという作業はない。だからラインが細い必要性はない。それよりも障害物へのコンタクトを考えて16ポンドはほしいな。これくらいあればカバーの向こうに投げてラインがこすれながら巻いてきても大丈夫だからさ。

マツ：しかし9月の台風シーズンからスピナーベイトの登場率がすこぶる高いですね。

田辺：少なくとも俺にとっては、それだけ欠かせないルアーだということですよ。

TACKLE DATA

- ロッド：ロードランナー・ヴォイス・ハードベイトスペシャルHB760L、HB640ML、HB630L、LTT630Mなど［ノリーズ］
- リール：アンタレス、SLX MGL70、カルカッタコンクエスト100DCなど［シマノ］
- ライン：シーガーR18フロロリミテッド16ポンド［クレハ］

普通に投げて普通に巻く、ハードボトムでの選択肢!!

マツ：ようやく季節感が相応になってきたように思いますが、今週の田辺哲男的な釣りは何になるのでしょうか？

田辺：申し訳ないけれど…クランクベイトだよ(笑)。これもやっぱりスピナーベイトと同様に、バスがエサを食うようになったら外せないでしょう。もちろんそこに優劣があるわけじゃない。先週はスピナーベイトで今週がクランクベイトっていうワケじゃない。場所で使い分けていくんだ。

　スピナーベイトの場合は浅いレンジを巻いていくけれど、**クランクベイトは基本ハードボトムで投入していく**。ゴロタとかリップラップとか、砂利とか。そういうところは往々にして張り出していたり、岬状になっていたり、ハンプになっていたり、何かしらの地形変化を伴っているケースが多い。要は泥とか砂が波や流れで洗われて残ったのがハードボトムだからね。必

然的に出っ張ってるところが多いんだよ。

　あとは、その出っ張りの上なのか、エッジなのか、クランクベイトの潜行深度を合わせて探っていけばいい。

マツ：ということは、やはり潜行深度の異なるクランクを用意しておくべきだということですね。

田辺：そう。シャロークランクからミディアムディープくらいまでを揃えておきたいところだね。ショットで言ったら、そうだな…オメガビッグ62、オーバー2、それとオーバー3あたりを持っていけば良いよ。レンジの目安はそれぞれ、水深1メートル、2メートル、3メートルを通していく感じです。

水深1メートル
ショットオメガビッグ62［ノリーズ］

水深2メートル
ショットオーバー2［ノリーズ］

水深3メートル
ショットオーバー3［ノリーズ］

マツ：その場その場で、水深より潜行深度の深いモデルを選んでボトムを叩きながら巻いてくる感じでしょうか？

田辺：いや、その必要はない。まあ、出っ張った部分があれば

ぶつかったり、たまに叩くくらいかな。先週も言ったけれど、**魚は浮いてるんだよ。**ボトムにへばりついているわけじゃないからね。スピナーベイトと同様、あまり難しいことを考えずに普通に巻いてくればいい。むしろ、ボトムを叩き続けてくるようなら、深度の浅いモデルに替えたり、ロッドティップを高めに保持したりするね。

ちなみにロッドは、巻き物バーサタイル的な680Lが個人的にはオススメですよ。曲げやすいサオだから、ルアーのウエイトをきっちり乗

せて、どこでも投げられるし、ロングキャストもできるし、ショートキャストで手返しよく探っていくこともできる。で、ロクハチくらい長さがあればレンジのコントロールもしやすいんだ。もうちょっと潜らせたいと思ったら、ティップを水のなかに突っ込んじゃえばいいしね。

まぁとにかく、**11月っていうのは"普通に巻いて"ビッグフィッシュを手にする可能性がもっとも高い時期なんじゃないかな。**

マツ：え？　巻き物でデカいのが一番釣れる季節って、春じゃないんですか？

田辺：たしかに春も釣れるよ。でも、春のほうがもっとテクニカルっていうのかな。魚の動きを読んで、プリスポーンの個体が差す場所をきっちり狙わないと食ってくれないからね。ターンが落ち着いた11月は、ちょっと乱暴な言い方だけれど、どこでも釣れる可能性がある。だから、誰でも普通に巻いてチャンスがあるんだ。

縦の障害物にはスピナーベイト、ハードボトムとそれほど高さのない障害物にはクランクベイト、くらいのつもりでやってもらえば良いよ。

しかし、この時期のスピナーベイトとクランクベイトの有効性をちゃんと分かっていないということは…。

マツ：ということは？

田辺：キミは11月にちゃんと巻いたことがないんだな(笑)。

マツ：…………おっしゃるとおりでございます(T_T)

TACKLE DATA

- ロッド：ロードランナー・ヴォイス・ハードベイトスペシャルHB680L、HB630L、HB640ML、LTT650Mなど［ノリーズ］
- リール：アンタレス、SLX MGL70、カルカッタコンクエスト100DCなど［シマノ］
- ライン：シーガーR18フロロリミテッド14ポンド［クレハ］

第3週【タダマキのただ巻き!!】

ロッドワークもポーズも必要なし。オートマチックなオープンウォータークランキング!!

マツ：田辺さん、今週はどこかへ行きましたか？

田辺：週明けに2日間、ロケで利根川に入ってきました。

マツ：オールスター後にいったん良くなって、そのあとの雨でまた厳しくなってるっていうウワサですけど…。

田辺：たしかに簡単じゃなかったな。でも、それなりに良い釣りができたよ。シャッドとかエスケープツインの10グラムテキサスでも釣れたんだけど、パターンとしてハマったのはショットオーバー2だったね。カラーはリアクションライムチャートが圧倒的に良かった。

マツ：むぅクランキング…まさに先週挙げたゲームですね？

田辺：そうなんだけれど、ただもう魚が消波ブロックに寄ってる感じだったな。

マツ：そこにクランクベイトを絡めていく、と？

田辺：うん、消波ブロックのストレッチを流していくでしょ。おもしろいのはその一発めにキロフィッシュが食ってくるんだ。一回流して、そのあとにテキサスとかを入れていっても食わない。だからといってもう一回オーバー２を巻いてもダメ。ヤル気のあるデカいのが消波ブロックのエッジのコボレとか一等地にいて、良いコースをきっちりトレースできれば一発で食ってくる。

マツ：ターンオーバー時のクランキングという感じですね。

田辺：だな(笑)。いろいろ試したかったから、そのことに気付くのがちょっと遅かったんだけれど、オーバー２だけを握りしめて消波ブロックだけを回っていけば、それなりのスコアでまとめられたんじゃないかな。時間を空けて入り直したり。

　よし、じゃあ本題に移ろうか。

マツ：ハイ。11月も中旬になったということで、そろそろ各湖とも落ち着いてきた感じかな、と。

田辺：ん…なんだか一気に寒くなってきてるレイクもあるみたいだけれどね。秋らしいタイミングがないまま冬に突入しちゃったような…それでも今の時期は、今回の利根川もそうだけれど、やっぱりまだいろいろ試せるはずなんだ。

　ということで！

マツ：ということで？

田辺：まだ巻くよ(笑)。この時期、ジャークベイトのパターンがあるんだけれど、それだとちょっとテクニカルな釣りになっ

てしまう。だからその釣りで狙う魚を、**タダマキ112で反応させてしまおう**、というのが今週のネタです。

タダマキ112［ノリーズ］

マツ：それはシンプルに、巻いて釣れるから、ということでしょうか？

田辺：そうです。ジャークのさせ方や強弱を悩まなくて済むし、時期的なことを考えるとまだあまり止める必要もないからね。そのあたりは、春先やもう少し寒くなってからのジャークベイトとはちょっと違う。

　要するに、まだ比較的浅いレンジにベイトフィッシュがいて、それを捕食しようと中層に浮いている個体を反応させるパターン。つまり、考え方的にはスピナーベイトやクランクベイトと同じなんだけれど、**障害物のないオープンウォーターで出番になるのがタダマキなんだ。**

マツ：具体的にどういった場所を釣っていくんでしょうか？

田辺：基本はやっぱりベイトフィッシュのいる場所だよ。フラットとか岬とか。もちろん、魚探があればそれを頼りにすればいいし、このタイミングでも、まだ表層にベイトの反応があったりガバッと追っていたりする。そういう場所を見つけたら、

投げて巻けばいい。**条件的には風が吹いているといいね。**波っ気があるとベイトフィッシュを視認するのは難しくなるし、そもそも沈んでしまいがち。だから、**釣りながらベイトが確認できた場所に風が吹いたタイミングで入ってこの釣りを試してみるといい。**

タダマキで狙うのはオープンウォーターの浅いレンジに浮いているベイトを捕食する個体!!

マツ：タダマキって、いわばダイビング系じゃないですか。となると、狙うエリアの水深は潜行深度を考えて決める感じでしょうか？

田辺：いや、そうじゃないよ。さっきも言ったとおり、ベイトフィッシュが浅いレンジに浮いている場所を狙うんだ。だから、そのボトムが5メートルだろうが10メートルだろうが関係ない。別にタダマキでボトムを叩きましょうっていうワケじゃな

いからね。そもそも、このルアー自体、そんなに深く潜らないし。ただ、普通のショートリップのミノーだと、ただ巻きで使うには深度が足りない。そういうことだよ。

マツ：タダマキのただ巻き…分かりやすくて良いですね。

田辺：だろ？ タックルは先週のクランクベイトとまったく同じでOK。ただ、こちらはほぼオープンウォーターの釣りなんで、フィールドの水質と相談してラインの太さをワンランク細くしても良いかな。まあ、まずはとにかく巻いてみてください。普通に巻くだけだったら、キミにもできるでしょ（笑）。

マツ：（ミーが基準？　汗）……………は、はい。ありがとうございました！

TACKLE DATA

- ロッド：ロードランナー・ヴォイス・ハードベイトスペシャルHB680L、HB710LL、LTT650Mなど［ノリーズ］
- リール：アンタレス、SLX MGL70、カルカッタコンクエスト100DCなど［シマノ］
- ライン：シーガーR18フロロリミテッド14ポンド［クレハ］

【第4週】【ややディープの"一番簡単な釣り"!!】

スピニングタックルで実践する水深5メートルまでのボトム付近きっちり巻き!!

マツ：まずは今週の『田辺哲男』を教えてください!!
田辺：昨日まで某誌のロケで四国に行ってました。
マツ：むぅ、おつかれさまです。最近は向こうも湖によっては厳しいみたいですが…?
田辺：関東に住んでいると、四国に行けば釣れるっていうイメージがあるかもしれないけれど、いやぁ正直厳しかったよ。むしろ利根川のほうが釣れるんじゃないかってくらい(笑)。ただ、厳しいなりに自分の釣りを貫くことで納得はできた。そこで普段やらない、いわゆるローカル的な釣りにハマっちゃうと、下手をすれば頭のなかが真っ白になっちゃうからね。

　地元のアングラーに話を聞くと、ちょっとでも「釣れない」っていう情報が耳に入ると、そこにはほとんど人が来なくなっちゃうらしい。今回行った場所も閑古鳥が鳴いてた(苦笑)。

でも、そもそもこれからの季節はどんどん厳しくなっていくわけだよね。だから…逃げちゃダメなんだよ。デコを恐れて現場に足を運ばなかったら、そこから先は進めない。たとえノーフィッシュだったとしても、それもひっくるめてバスフィッシングなんだ。マツもいつまでも逃げてちゃダメだぜ(笑)。

マツ：失敬な!!　ミーはいつでも体当たり、デコを怖がってたらバス釣りに行けなくなっちゃいます。最近、3回に3回のペースでデコってますから。

田辺：…………。

マツ：…………。

田辺：よし、本題にいこうか！

マツ：お願いいたします(笑)。11月後半に差し掛かったわけですが、ここに来て一気に寒くなったような。関東でも木枯らし一号が記録されましたし。

田辺：たしかにな。だから、前回まではいわば王道秋パターンという感じだけど、今回はもう少し季節が進んだところで繰り出す次の一手を紹介するよ。要は、ややディープ寄りに沈んで捕食行動をとっている個体を狙う釣りだな。こうなってくるとたいていのレイクでベイトフィッシュが限定されてくる。取り分けメインとして考えられるのは、ワカサギだよ。

マツ：つまり、ベイトフィッシュのいるレンジに合わせる必要があるということですか？

田辺：もちろん。それはこの季節に限ったことではないけれど

ね。で、そういった展開でオレが思う一番簡単な釣りは、プロリグスピン＋スプーンテールライブロール。

プロリグスピン [ノリーズ]
＋スプーンテールライブロール
4.5インチ [ノリーズ]

マツ：ナント!?　実はワタクシ、いまひとつプロリグスピンの出しドコロを理解しておらず…そんなに簡単なんですか？

田辺：このリグの許容レンジはだいたい5メートルまで。水深3〜5メートルのボトム付近をゆっくり引くのに適しているんだ。だからシンプルに、**そのレンジにベイトフィッシュがいれば、このルアーを入れてゆっくり巻くだけ。**簡単でしょ(笑)。

　ただし、この釣りではタックルが重要。プロリグ自体の重量が10グラムあるから、ベイトタックルに結びたくなるかもしれないけれど、スピニングのほうが絶対的にアドバンテージがある。

マツ：ワームの重さを入れたら、14、15グラムにはなっちゃいますよね。それでもスピニングのほうが良い、と？

田辺：ウン。理由はね、まずロングキャストができること。そしてもうひとつ、これが重要なんだけれど、スピニングというシステムの特性上、適度にラインスラックが存在する状態で巻くことができる。それがどういうことか分かる？

マツ：リグを浮き上がらせずにトレースできる、ということでしょうか？

田辺：…………。

マツ：あら？　間違ってます？

田辺：いや、正解。マツにしては珍しいなと思ってさ(笑)。そうなんだよ。ベイトタックルだと、どうしてもラインテンションがかかっちゃうから、それなりの深さを巻いているとリグが浮き上がりやすくなってしまう。でも、スピニングだと必然的にラインのたるみを利用できるから、たとえ距離があってもボトム近くをきっちり引いてくることができるんだ。この釣りではそれが大事。ベイトフィッシュの反応があるフラットを、広く探っていくからね。

あと、ラインはPEを使うこと。遠くでバイトがあっても、フッキングパワーがしっかり伝わるでしょ。このセッティ

ングはこれから先、メタル系のルアーを使う場合にも必須だから揃えておいて損はないよ。

マツ：なるほど！　ちなみに田辺さん、巻く速さの目安ってありますか？　ボトム近くをきっちり、ということはそれなりにス

ローに巻くということでしょうか？

田辺：だな。**ブレードの回転を手元に感じながら、フッと巻くのを止めたときにすぐにボトムに着くくらいベタベタでトレースするのがキホンだね。**

　ワームに関してはスプーンテールだけじゃなくてシュリルピンとかレディーバランスとかストレート系ももちろんあり。そのあたりは実際に釣りながら反応をみてローテーションしていけばいいよ。

　イメージとしては、スイミングジグのディープ版。このリグだと強すぎないから、ベイトフィッシュに付いているバスのスクールを散らさずに1尾ずつ釣っていくことができる。あとひとつ、**キモとして早アワセは厳禁**だということ。コツコツと当たっても、ゴンと入るまで巻き続けるのが大事だよ。

マツ：う〜む、これがあればデコらなくて済むような気がしてきました。

田辺：だろ。でも、デコったからってくれぐれもルアーのせいにはしないように!!(笑)

TACKLE DATA

■ロッド：ロードランナー・ヴォイス・
　　　　ハードベイトスペシャル HB660MLS-SGt [ノリーズ]
■リール：ステラ2500、ヴァンキッシュ2500S など [シマノ]
■ライン：PE0.6号
※リーダーはシーガーR18フロロリミテッド8ポンド [クレハ] をひとひろ
　(リールに巻き込まないくらいの長さ)

【11月下旬の"テッパン"!!】

ターゲットはディープに落ちていく個体。勝手に食ってくれるメタルバイブゲーム！

マツ：今週に入ってかなり季節が進んでしまったような気がするんですけど…。

田辺：たしかにな…。

マツ：ということは、そろそろ冬っぽい釣りが出てくるのでしょうか？　ジギングスプーンとか？

田辺：それはまだ先なんだけど、う〜ん、11月末かぁ。レイクによって、季節の進行度合いが明確に違ってくるタイミングだからなぁ…いや、でもやっぱりコレだ、ジャカブレード。富士五湖なんかは11月っていったら当然ジャカブレードの出番になってくるし、利根川なんかもそんなタイミングだからな。

　"ジャカ"の場合、前後ともにダブルフックで根がかりが頻発するものではないし、リアクション要素で誘うという時期でもないから、ウエイトは9グラムか12グラムでいい。

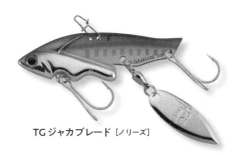

TGジャカブレード [ノリーズ]

マツ：野池のメタルバイブはイメージできるんですけど… どんな場所で使うんですか？

田辺：あれ、キミは利根川がホームグラウンドじゃなかったっけ？

マツ：いかにも！

田辺：なのに晩秋にジャカブレードを使ったことがない？

マツ：です!!

田辺：そりゃあかなり損してるよ(笑)。利根川をはじめリバー系だったら消波ブロックのこぼれた沖側。リザーバーや山上湖だったら、岬のディープ。

マツ：ここまでずっと巻く釣りがメインでしたけど、ジャカブレードも巻いちゃって良いのでしょうか？

田辺：いや、ジャカブレードの巻きは意外とテクニカルなんだよ。だから、リフト＆フォールのほうが良いね。**ロングキャストして、いったんボトムをとって、ラインスラックを取りながらリフト＆フォールを繰り返していれば、勝手に食ってくれるから(笑)。**

　この場合は、もちろんワカサギレイクならその存在がキーになってくるケースが多いんだけれど、基本的にはディープに落ちていく個体も狙っていく。だから、リザーバーを含めて山上湖だったら目安としてだいたい水深4～8メートルを釣っていく感じだな。

マツ：ロングキャストっていうのは、やはり広く探るという意味でしょうか？

田辺：そう。具体的なアプローチとしては、岬を輪切りにしていくといいよ。こうすると手っ取り早く魚のレンジを特定できるしね。

　消波ブロックだったら、バンクと平行に沖側をトレースする。ただしこの場合も、こぼれた消波ブロック

というよりも地形的に張り出している部分を探っていくことが目的です。あと消波ブロックだと、せいぜい3〜4メートルくらいでしょ。

マツ：なるほど…では最後に、タックルを教えてください！

田辺：先週のプロリグと一緒でOK。これからの時期はこれ以外にも出番が多くなるから揃えておくと重宝するよ。

TACKLE DATA

■ロッド：ロードランナー・ヴォイス・
　　　　ハードベイトスペシャル HB660MLS-SGt［ノリーズ］
■リール：ステラ2500、ヴァンキッシュ2500S など［シマノ］
■ライン：PE0.6号
※リーダーはシーガーR18フロロリミテッド8ポンド［クレハ］をひとひろ
　（リールに巻き込まないくらいの長さ）

レンタルボートゲームのススメ！

なぜ今、フットコンバスなのか？

　ご存知の方も多いかと思いますが、俺はシマノTVで『フットコンバス』というWEB動画のオリジナル番組を持っています。

　その内容は、各地のレンタルボート・レイクを巡り、都心からのアクセスをはじめ、ボート店とレンタル艇の種類、エレキの装備として必要なもの、あるいは湖上でのルールやマナーについても紹介していくというもの。もちろん、操船や釣り方などのハウツーも網羅しています。

　俺自身がこの企画を提案した背景には、各湖のレンタルボート店に免許不要艇が充実したというのがある。それまで岸釣りしかしたことのなかったアングラーが、明日にでもボートに乗って、エレキや魚探を駆使して釣りができる時代。だからこそ、その入り口ともいうべき部分をしっかりと伝えなければならない。そう考えたのが発端です。

　湖で遊ばせてもらう以上、禁止エリアや航路などローカルルールは把握しておくべきだし、それ以前に"レンタルボートそのもののルール"というのは全国共通であるべきだと思う。なぜなら、つまりそれはマナーだから。たとえば、ライフジャケット。着用の義務はもとより、その重要性を認識しているアングラーはどれだけいるだろう。もし未着用で落水し、最悪の事故につながったとしたら、湖面の利用を禁止されてしまう可能性もある。自分のことしか考えていないアングラーは失格なんだよ。

　俺自身、もう何十年も前から言い続けてきたことだけれど、この国でこれから先ずっとバスフィッシングが継続できるか否かを考えたとき、確実にキーとなるのはレンタルボートなんだ。
　バスが特定外来生物に指定されている日本では、芦ノ湖や富士三湖（山中湖、河口湖、西湖）のようにバスが漁業権魚種として認定されている水域の増加がまず期待できない。つまり基本的には遊漁の対象とならず、その地域にお金を落とす仕組みを構築しづらい部分がある。現実的な話として結局のところ、その土地に住む人々に利益をもたらさなければ、誰もバスを守ってはくれない。我々アングラーがいくらこの魚がお金になると世の中にアピールしたところで徒労に終わってしまう。ところが、レンタルボートがあり、それを生業として暮らす地元の声というのは、ときとして行政にも届くんだよね。
　レンタルボート店が潤えば、利益の一部をワカサギやフナ、ニジマスなどの放流に回すことができる。エサが豊富であれば、バスのコンディションが保たれる。釣れる。その湖には多くのアングラーが

レンタルボートゲームのススメ！

訪れて地元にお金を落とす。上手くいけば理想の連鎖が存在するわけです。

バスフィッシングをこれから先もずっと続けていきたいし、残していきたい。これこそが『フットコンバス』の原点。

そしてもうひとつ。

この釣りを始めて半世紀近く経つわけですが、なぜここまで長く続けていられるのかと言えば、俺自身のゲームの軸がボートにあったからだと断言できます。水に浮かべば、極端な話、禁止区域を除いて狙えない場所はない。自分のいる場所にバスがいるかいないかではなく、自分からバスを探しにいけるわけですよ。その部分にこそバスフィッシングの醍醐味があると俺は思うのです。

もちろん岸釣りには岸釣りの楽しさがあるわけで、優劣の問題ではありませんよ。

『フットコンバス』、ぜひチェックしてみてください。

(ルアマガモバイル2018年7月7日掲載)

田辺哲男 ビッグバス パターン アカデミー

NORIO TANABE
WEEKLY BIG BASS PATTERNS

冬編

WINTER PATTERNS

冬のバスフィッシングは簡単じゃない。日中でさえ手がかじかむ寒さのなか、遠いバイトを求めてキャストを繰り返すには、相応のコンセントレーションが必要になる。答えに辿り着くため、思考を巡らせ続ける必要がある。でも、だからこそ、たった１尾のバスが至上の喜びを与えてくれる。それがビッグフィッシュであれば、なおさらだ。そしてそこには、来たるべき春へとつながるヒントがたくさんある。だから俺は、冬のバスフィッシングがやめられない。

【冬の定番、登場!!】

浮いた魚を狙う
ジギングスプーン、
カギはウエイトにあり!!

マツ：ここのところの冷え込みからすると… もう冬って感じですね？

田辺：冬だな。先週、取材で中国地方のリザーバーに行ってきたんだけど、いやぁ厳しかったよ。ディープをかなりやり込んだのにウンともスンとも言わない。結局巻いて釣る展開でどうにか答えを導くことができたんだけれど、そのパターンを煮詰めるところまでいけなかったのが心残り…。

　とにかく、これからの時期は簡単には釣れないからね。自分のスタイルとか、頭に描いたゲームを貫くことがハイシーズン以上に大切になってくる場合もある。あれもこれも試していると、あっと言う間に日が暮れちゃうからね。

マツ：先日、霞ヶ浦で玉砕しました…。

田辺：そういう時期に入ってきているということだよ。めげず

に頑張りなさい。まぁ、マツの場合はデコも慣れっこだと思うけど（笑）。

マツ：慣れまくりです（笑）。ところで田辺さん、今回はまず読者さんから届いた質問に答えていただきたいな、と。

田辺：了解です。

マツ：こちら↓です。

【質問】『水温が何℃以下になったら冬の釣りにスイッチしたら良いでしょうか？』

田辺：なるほど、良い質問だね。でも絶対に何℃っていうのは断定できないんだよな。なぜかと言えば、全体水温が高かったり低かったり、レイクによってまちまちだから。たとえば水温が下がって16℃になったとするよね。でも、ゆるやかに下がって16℃になったのと、一気に下がって16℃になり、さらにまた下がっていく場合だと状況はまったく違ってくるよね。

一気に下がって16℃を通過して、さらに15、14、13とどんどん下がってますっていう場合、魚の活性はやっぱり下がっていくわけだ。ヤル気がなくなるっていうのかな。そうなるともう、考え方としては冬の釣りを当てはめてもよくなってくる。

マツ：数字ではなく、水温の低下傾向によって変わってくるということですか？

田辺：そう。**だから俺の場合、水温計が示す数字というよりは『シャッドが効き始めるタイミング』っていうのが具体的な目安のひとつになってる。**それがレイクによって、場合によっては

その年によって、11月中旬くらいだったり12月末だったりするんだけれど、要するに弱い動きで何かにコンタクトした瞬間に食ってくるとか、リアクション的な誘いじゃないと口を使わないような状況に遭遇したら、「あ、そろそろ冬だな」というのを意識していくね。

マツ：う〜む、なるほど。ありがとうございました!!

田辺：じゃ、今回はこれで。

マツ：って、ちょっと待ってくださ〜い!!　ここから、本題をお願いします。

田辺：分かってるよ。冗談です（笑）。ちゃんと用意してるよ。そうだよな、もう12月なんだよな。ということで！

マツ：ということで？

田辺：今回はメタルワサビーの8グラム!!

メタルワサビー8グラム［ノリーズ］

マツ：冬の代名詞のひとつ、ジギングスプーン!!　ウエイトも指定ですか？

田辺：そうです。それがキーだからね。

マツ：8グラムがキー…思いのほか軽いんですね。なぜ、このウエイトなのでしょうか？

田辺：なぜだと思う？

マツ：軽いとフォールスピードが抑えられるじゃないですか？　だから、活性の低い個体も食いやすいのかな、と。あんまり重いと、目の前を即通過してそのままスルー‼　みたいな。

田辺：なるほど。フォールスピードを意識しているのはよろしい。でも、単に軽いほうが食いやすいっていうのなら、4グラムのワサビーでも良いよな。

マツ：実はその部分、突っ込まれると思ってました（笑）。そうじゃない、と？

田辺：うん、4グラムだと着底音もシルエットも小さいから、夏場に中層を狙う小ワカサギのパターンと違って難しくなっちゃうかな。なぜ8グラムなのかというとね、**12月はまだ魚が浮いているんだ。**レイクによって時間差はあるけれど、魚の動きを考えていくと、まず小バスたちが越冬に備えてディープに落ちていくのが今の時期。寒くなると、小バスってシャローから消えるのが早いでしょ？　春先に浅いレンジに出てくるのも遅い。それはね、ディープに落ちちゃってるからなんだ。

マツ：だから寒くなると小さいバスがあまり釣れないんですね？　って、僕の場合はデカいのも釣れませんけどね。

田辺：なに自虐的な突っ込み入れてんだよ（笑）。だから、タイ

ミングによってはディープをやればお子様サイズが釣れる可能性は十分ある。でも、そうだな…12月半ば〜１月くらいになってくると、そういった小バスは食わなくなってしまうんだけれどね。

　で、お子様はディープに落ちるけれど、大人たちはサスペンドしている。そのなかでもビッグフィッシュはシャロー、レギュラー〜それなりのサイズのレンジはまちまちという感じ。シャローにいる45センチから上の個体は、それこそ湖によってはそのままシャローに残って冬を越してしまう場合もあるし、さらに寒くなれば少しレンジを下げたりするのももちろんいる。あくまでも経験上の、確率的な話だけどね。

　いずれにしても**これからの時期、活性のある魚を探していく場合、リザーバーとか自然湖とか明確なディープを持つ湖だったら、ひとつの基準となるのが水深８メートル。**この数字より深いところにいる魚は越冬に入っていると思って構わない。もちろん湖によって多少レンジの違いはあるけれど、たとえば10メートルとかを釣っていて小さいのしか食わないなら、その水深では良いサイズは期待できないはずだよ。ベイトフィッシュがもっと深いときもたまにあるけどね。だからシンプルに、ディープで釣れないなら魚が浮いていると考えれば良いわけだ。

マツ：その浮いた魚に食わせるがゆえの、８グラムだと？

田辺：そうです。この場合のワサビーは中層をしゃくるときもあるし、縦ストラクチャーに沿って落とすこともあるし、キャス

トしてリフト&フォールで探っていく場合もある。そんなふうにフォールスピードを微妙に調整しながらいろいろな使い方に対応してくれるのが8グラムなんだ。ただし！

マツ：ただし？

田辺：俺自身はこの重さを勧めたいんだけれど、まあまあ上級向けなんだよ、8グラム・メタルって。なぜかっていうとね。**ジギングスプーンっていうのは軽いほど根がかりが外しにくくなる。ウエイトがあれば、その自重を利用してゆさゆさ振ってる**

と反動でポロっと外れてくれることが多いんだ。だから、しゃくってるときにアタリか障害物かを判断できずになんでもかんでもアワセちゃうようなメタルの釣りに不慣れなアングラーには8グラムは扱いにくいかもしれない。この重さだと、がっつり根がかったときに外しづらいからね。

　そりゃもちろん、ボトムにほとんど障害物がないような場所を釣るなら8グラムで問題ないけれど、たとえば亀山湖とか池原ダムとかで立ち木のあるエリアなんかを狙っていく場合、根がかりしまくって釣りにならなくなっちゃうからね。

だから、メタルの釣りが苦手だったり、あまり釣り込んだことのない人は、まずは重いワサビー、12グラムや18グラムで特訓したほうがいい。重いウエイトで練習して、魚なのか障害物なのかを感知できるようになってから8グラムに移行すれば、ものすごい武器になるはずだよ。

マツ：なるほど…ミーは重めでトライします（笑）。ところで田辺さん、この場合、狙う場所っていうのは？

田辺：基本はフラットだな。岬なんかでもシャープすぎるのはダメ。そこに魚が乗ることのできるタナがあることが重要です。この時期も、バスのレンジはやっぱりベイトフィッシュに連動してるんだ。ベイトに付いて、フィーディングのためにフラットに乗ってくる魚を狙う。フィーディング状態にある、食い気のある魚を狙うのがメタルのパターンだからね。岩盤みたいにストンと落ちちゃってる場所よりも、メタルで釣り込むっていう

ことを考えるとフラットのほうが釣れる可能性は間違いなく高い。

マツ：そこで実際に釣りをしながら、ベイトのポジションや反応を見て、フラットのエッジなのか、上なのか、キャスティングで広く探っていったり、バーチカルに落とし込んだり、中層をしゃくっていく、と。

田辺：そういうことです。

マツ：では、タックルを教えてください。

田辺：スピニングとPEラインの組み合わせが絶対的に使いやすい。プロリグやジャカブレードと同じでOKだよ。

マツ：う〜む、財布にやさしい感じですね。

田辺：だろ（笑）。

TACKLE DATA

■ロッド：ロードランナー・ヴォイス・
　　　　　ハードベイトスペシャル HB660MLS-SGt ［ノリーズ］
■リール：ステラ2500、ヴァンキッシュ2500S など ［シマノ］
■ライン：PE0.6号（太くても0.8号）

ディープカバーを攻め抜く、もうひとつのワサビー必須ウエイト!!

マツ：最近、ぜんぜん釣りに行ってないんですけど…。

田辺：「行ってない」じゃなくて、「行こうとしない」じゃないのか？　どうせ釣れないから、と（笑）。

マツ：失敬な！（怒）"バスフィッシングにシーズンオフはなし"というのが40年近くバスフィッシングを続けてきたミーの信条ですから。「どうせ釣れない」という部分は合ってますけど（笑）。田辺さんは最近どこかへ行きました？

田辺：昨日、昼から高滝に行ってきたよ。石井と（※編集部注：ノリーズプロスタッフ・石井真さん。房総リザーバーのスーパーロコアングラー）。いや、やつがさ、ちょっと前から…夏くらいからだったかな、自作して使ってるヘンなルアー（のちにノリーズから発売されるラッピングミノーの原型）があって、「かなりキテルから見に来てください」って言われてたんだよ。ただ、

さすがにこの時期になるとそもそも状況的には厳しいでしょ。で、「3日前にも出たんですけど、2尾しか釣れなかったんですが」なんて言ってたんだけど、とりあえず行ってきた。

マツ：今の高滝はかなり厳しいみたいですね。

田辺：そうなんだよ。実際に昨日もみんな釣れてない。魚探にもほとんど反応がないしね。もう、大部分の個体が最下流のボート進入禁止エリアとかチャネルの深い部分に移動しちゃってるんだろうな…。ところが、やっていくうちにちょっと魚の多い場所があったんだ。石井が「ここは10尾くらいいますね」って。あいつの、その精度はハンパじゃないからさ。

マツ：石井さんの魚探の解析能力はウワサには聞いてます(笑)。

田辺：そこで、そのルアーを使ったら、すぐにアタリがあった。でも、ショートバイトで食わせ切れない。そうこうしているうちに俺が1200くらいのを釣って、そのあとに石井も1300を釣って、結局それ以上魚は追加できなかったんだけれど、2人で10バイト以上は得てるんだよ。

マツ：それは、まさにそのルアーの力だ、と。

田辺：そう。いや、正直に言って、こんなルアーがあるんだって驚いたよ。今までにまったくなかった発想だからね。

マツ：既存のカテゴリーには当てはまらない、ということでしょうか？

田辺：ウン。もし当てはまるんだったら、ほかにも釣れている人がいたっておかしくないでしょ。

マツ：たしかに…。

田辺：石井と話したんだけど、そこにいるすべての魚が反応してるわけじゃないだろうから、何尾かの同じ魚が何度も食ってきてると思うんだ。でも、活性自体はあまりにも低いからフッキングには持ち込めない。でも、それって魚がスレないってことだよな？　これをもっといい時期に使ったらどうなるのか？　とっても興味深いよね。

マツ：ってことは、今後ノリーズで開発を進めていくのでしょうか？

田辺：それは言えないなぁ（笑）。でも、展開的に俺がやれる釣りなんだよ。

マツ：田辺さんがやれる釣り…ってことは、スローな食わせとは違うわけですね？

田辺：う…それも言えない。あぶねぇ。マツの誘導尋問に引っ掛かるところだったよ。もうこれ以上は企業秘密（笑）。じゃあ、本題にいこうか。

マツ：（残念…）はい、前回は王道のジギングスプーンだったわけですけれど…。

田辺：今回挙げる釣りもディープ狙いだよ。しかも先週と同じくワサビー。ただし、ディープはディープでも**ディープカバーの釣り。**

マツ：ディープカバー…というと、オダとかでしょうか？

田辺：そう。あとは立ち木群とか、ね。

マツ：そこをジギングスプーンで狙う、と？　ロストしまくりなような…(￣▽￣;)

田辺：だから、そこでワサビーの18グラムを投入するんだ。先週も言ったけど、**メタル系は重いほど根がかりを外しやすい。**だから前回挙げた8グラムと、今回の18グラム。この2つは必須だよ。

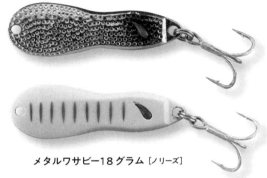

メタルワサビー18グラム [ノリーズ]

　もちろん、全体水深とか魚の状態に合わせてほかのウエイトも使っていくけど、まず用意しておきたいのが8グラムと18グラム。でね、8グラムだとやっぱりカバーの釣りは厳しい。

マツ：それは田辺さんレベルでも、オダとか込み入った立ち木だと根がかりしてしまうということでしょうか？

田辺：そう、それともうひとつ、8グラムのセッティングだとラインが細いからせっかく魚を掛けてもオダに巻かれたりしてランディング率が低くなっちゃうんだよ。ディープカバーには向いてない。だから18グラムは16ポンド、最低でも14ポンドラインで入れ込んでいく。当然、ベイトタックルでね。

たとえば、シャローのカバー撃ちをしていたとするよね。そのときにフリッピンスティックを持っていなくて、「これでいいや」と普通にオープンウォーターで杭撃ちをするようなタックルセッティングでブッシュの最奥にリグを入れたらどうなる？　**食わせることはできたとしても、ラインブレイクで終了ってことになりかねないでしょ。**それと同じだよ。

　この釣りでのロッドは、俺的にはハードベイトスペシャルの600Mが使いやすい。フォールで食ってきて次のリフトで勝手に魚を掛けてくれるし、バットがしっかりしてるからカバーからすぐに引き離すことができるしね。

マツ：たとえば、8グラムで16ポンドラインを使うっていう選択肢はないのでしょうか？

田辺：ない（笑）。その太さだと、水の抵抗がありすぎてワサビーが本来持っているアクションを生かすことができない。あと、これはとくにメジャーレイクについて言えることなんだけれど、**16ポンドは"根がかりしたライン"対策の選択でもあるんだ。**これがけっこう厄介。ディープカバーっていうのは、往々にして根がかりしたラインが蜘蛛の巣みたいに絡みついてることが多いからね。それを考えると20ポンドで入れたかったりもするんだけれど、その太さになっちゃうとさすがに18グラムでもワサビーのアクションが死んじゃうからね。

マツ：なるほど。この場合、釣り方としてはバーチカルに探っていく感じでしょうか？

田辺：そうです。魚探でスポットを特定して、ダイレクトに落とし込んでしゃくる。

マツ：田辺さん、あと最後にワサビーのカラーについても

教えてもらえますか？ ジギングスプーンっていうと、シルバーとゴールドが代表カラーという感じがしますが、ワサビーはカラーラインナップが豊富ですよね。

田辺：基本はシルバー系とゴールド系で良いんだけれど、そういったベース色は魚がいるということを特定できている場合に使う。そうではなくて、**魚を探しながら釣っていくときはチャート系とかホワイト系とか派手な色のほうがオススメだよ。**そのほうがカバーやストラクチャーに付いている単発のデカい個体が反応してくることが多いからね。

マツ：ありがとうございました。なんだか釣れる気がしてきましたよ〜。

田辺：でも、まずは釣りに行かないとな（笑）。

マツ：………(- -;)

TACKLE DATA

- ロッド：ロードランナー・ヴォイス・ハードベイトスペシャルHB600M、LTT620PMHなど［ノリーズ］
- リール：メタニウムMGL HG、メタニウムMGL XG、SLX MGL70XGなど［シマノ］
- ライン：シーガーR18 フロロリミテッド14〜16ポンド［クレハ］

狙ったスポットで、浮かせて食わせるサスペンドミノーパターン!!

マツ：12月に入って二週連続で冬の核心部分に触れてもらったわけですが… 冬って、有効なルアーが極端に少なくなるイメージなんですけど…大丈夫でしょうか？

田辺：あ？　電話切っていいか？

マツ：す、すみません(- -;)

田辺：冗談だよ。たしかにこれからの時期、ルアーは限定されがちかもしれないね。冬と聞いてすぐに思い浮かぶのはあれとこれって感じかな？　でも、それって単に試していないだけで、ハナから決め付けちゃってるっていうのもあるんじゃないか。

マツ：う、たしかに…。

田辺：よし、じゃあ本題に移ろう。前回までのワサビーのパターンはいわば冬の王道。明確なディープを持っているレイクなら12月だけじゃなくてこの先1月も当然必要になってくるゲーム

です。で、今週はね、湖によって違うんだけれど…ミノーだよ。レンジ自体は浅いけれど、狙うのはやっぱりサスペンドしているヤル気のある個体です。

マツ：むぅ。ずうっと昔、田辺さんの取材で12月末に亀山湖を訪れたとき、ミノーでコンディションの良い個体を2尾キャッチしたのを覚えてます。あのとき、「冬にこんなパターンがあるんだ!!」って、感動しましたよ〜♪

田辺：まさにそのパターンです（笑）。

マツ：湖によって違うというのは？

田辺：この釣りは別にリザーバーに限ったものじゃない。**湖沼のタイプやストラクチャー、カバーによって、使うミノーのサイズや狙うレンジが変わってくるということ。**絶対にコレを使わなきゃダメっていうゲームじゃないんだ。レイダウンミノーのレギュラーでもいいし、110JPでもいいし、タダマキシリーズでも構わない。ただ、ひとつ注意してほしいのは、同じハードベイトでもこの釣りはシャッドの釣りとは明確に違うという認識を持っていなくちゃダメってこと。だから、サイズに関しては小さくても90ミリクラスまでにとどめておきたいんだ。

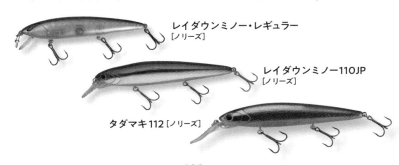

レイダウンミノー・レギュラー [ノリーズ]

レイダウンミノー110JP [ノリーズ]

タダマキ112 [ノリーズ]

マツ：ある程度ボディサイズの大きなミノーが良いということでしょうか？

田辺：そう。その理由はね、**狙った場所で食わせるから。**これがサイズの小さいミノーでスピニングタックルを使うとなると、釣りそのものが難しくなってしまうんだ。シャッドみたいに岸際のゴロタ場とかオープンなハードボトムを流すような釣りとは違って… もちろんそういう場所で効くこともあるんだけれど、基本的にはレイダウンとか倒れ込んだアシだとか、冠水ブッシュだったり、消波ブロックとかマンメイドでもいいよ、**とにかく障害物の周りをタイトにチェックして浮かせて食わせるっていうのがこのパターンのキーだからさ。**そういったアプローチがちゃんとできるセッティングを組まなきゃ成立しなくなってしまう。風が吹いている状況で、軽いミノーをスピニングでぴゅっと投げて毎回ミスキャストなんてしてたら釣りにならないからね（笑）。

マツ：ベイトタックルで、それなりにウエイトのあるミノーをきっちり入れ込んでいくことがアドバンテージになるわけですね。

田辺：だな。この釣りだと、（ルアーのサイズが）デカいから食わないっていうのはあまりない。**だから、サイズを落とすにしても、自分がちゃんと狙った場所に投げられる範囲でのサイズダウンをすればいい。**そこが重要。

　斜めに入った竹のすぐ際をきっちり通したり、水中にうっすら見えるブッシュのここで食わせるっていう場所できっちりと

トゥイッチしたり、そんなふうに『きっちり』できることが大切なんだ。

　だから当然、タックルセッティングがものを言う。俺がメインに使うロッドは、HB560L。このレングスとテーパーは、それなりのディスタンスからでもきっちりと狙った場所にミノーを届けることができる。そもそもジャークベイト用に作ったサオだから、ロッドワークもばっちりですよ（笑）。で、リールがコンク100でラインは12ポンド。最初の数巻きで少し潜らせたいんだ。寒い時期だからラインが太くて（ルアーの通過するレンジが）表層付近だと、魚を上まで呼べない場合があるからね。

マツ：アクションはどういった感じでしょうか？

田辺：そのカバーのレンジにもよるけれど、まずはいったん巻いて潜らせて、そのカバーの際や上で、ジャークなりトゥイッチなりでバスにルアーの存在を気付かせてあげればいい。「ここにあるよ」と。要するに、カバーの下やストラクチャーに付いてサスペンドしている魚を食わせる釣りだからね。アクションを与えて、気付いた魚が下からふわっと浮いてきて食うっていうイメージ。

　でね、**そういう魚はワームじゃ獲れない。**テキサスをカバー

に落とせば食うんじゃ？　って思ってしまうかもしれないけれど、そのまま目の前を通過してボトムに落ちていくルアーには反応してくれない。それが12月なんだ。

マツ：なるほど。このパターンは、シャローの釣りになるんでしょうか？

田辺：いや、視認できるカバーなりストラクチャー全般っていうふうに捉えておいたほうがいいな。それこそ岸から離れた、マンメイドにだって魚は浮いてるからね。ディープボトムに落ち切っていない個体は、ベイトフィッシュしだいでそういうところをうろうろしていることが、まだこの時期は往々にしてあるんだ。

　で、意外に、逆に岸べったりのカバーだと浅すぎて釣れないってこともある。1メートルじゃダメで、水深3メートルのところから生えてるブッシュには付いてる、とかね。

時期も時期だし数が釣れるパターンじゃない。でも、食えば間違いなくクオリティの高い魚だよ!!

マツ：う〜む、これは釣り納めに相応しいパターンですね。

田辺：あれ、キミはもう納竿したんじゃなかったっけ？

マツ：………お疲れのところ、ありがとうございました。

TACKLE DATA

■ロッド：ロードランナー・ヴォイス・ハードベイトスペシャルHB560L、
　　　　　HB600L、LTT630Mなど［ノリーズ］
■リール：SLX MGL70、SLX MGL70HG、
　　　　　カルカッタコンクエスト100DCなど［シマノ］
■ライン：シーガーR18フロロリミテッド12ポンド［クレハ］

場所不問!
マッチ・ザ・レンジの
ディープクランキング

マツ：今回が年内ラストのパターンとなります。

田辺：おぅ。もう今年も終わりなんだな。早いな。

マツ：田辺さん、釣り初めの予定は決まってるんでしょうか？

田辺：まだ確定してないけど、もしかしたら２日に行ってくるかもしれない。

マツ：２日から釣り？　気合い入ってますね〜!!

田辺：普通だろ(笑)。マツはどうなんだよ。

マツ：僕はまだ予定しておらず…１月中にバスに触れたら…いいなぁ、と。

田辺：そんなんじゃ、来年も50アップが釣れないぞ(笑)。

マツ：ウ…(￣Д￣；；…さっそく、今年最後の"田辺哲男の釣り"、よろしくお願いいたします。

田辺：オーケー(笑)。今回はね、ディープクランク。ショットオー

バー5だよ。このパターンを成立させるには絶対に欠かせない要素がある。なんだと思う？

ショットオーバー5 [ノリーズ]

マツ：あぅ…スミマセン…この時期にディープクランクを投げたことがなく、皆目見当がつきません。

田辺：えぇぇぇ？　マツ、バス釣り何年やってるんだっけ？

マツ：40年…くらい…かな…。

田辺：まぁ、いいや（笑）。それはね、ブレイク沿いに魚がいること。これは、魚探への反応で判断するしかない。だから、魚探を持っていることが前提の釣りになってしまうんだけどね。要するに水深4〜6メートルのブレイクに魚が映る状態。そこで反応がないとしたら、ディープに落ちてしまっているか、もっと浅いレンジで上ずっているかのどちらかが考えられる。

マツ：読めた！　そうなるとこれまで解説してもらっているパターン、ディープならメタルジグ、浅いレンジならミノーとなるわけですね？

田辺：そう。結局はベイトフィッシュのレンジに左右されるんだけれどね。だから、ディープクランクをやるかやらないかの判断

基準は、魚探への反応となるわけだ。もちろん、手当たりしだいに投げるっていうのもありなんだけれど、まったく魚がいなければムダな時間になってしまう。そもそも、そんなに簡単にぽろぽろ釣れる展開じゃないからね。でも、**食えばデカいし、ハマればワンスポットから複数の魚を抜くこともできる。**まぁ、言ってみれば上級者向けのゲームだな。

マツ：場所の条件とかはあるんでしょうか？

田辺：とくにない。というよりも、**魚の反応がある場所なら、岩盤でも岬絡みでも積極的に投げていく感じだね。このときに大切なのが魚のいるレンジにあわせてきっちりトレースすること。**たとえばオーバー5は8ポンドラインを使えば6メートルまで潜らせることができる。当然そこにはラインの太さだけでなく飛距離も関係してくるよね。そのあたりを理解したうえでタックルセッティングを考えないと、自分が通したいレンジに到達できなかったり、逆に潜りすぎてしまいかねない。ディープクランクの釣りは成立しない。

マツ：この釣りで田辺さんがメインに使うロッドは何ですか？

田辺：ハードベイトスペシャルの760Lだな。ロングキャストが前提の横の釣りだから、長さはやっぱりアドバンテージになる。冬場は一定レンジを長く引いてくることがキーになるケースも往々にしてあるからね。だからといって、このナナロクは長さを感じさせないところがミソ（笑）。

マツ：「え？　これホントに7フィート6インチ？」って感じです

もんね(笑)。とにかく、何も考えずにただ巻くだけじゃダメだ、と。最大潜行水深に到達するまでに助走距離も必要になりますもんね。

田辺：そう。あと、**根がかり回収機も絶対に忘れちゃいけない。**真のクランカーを目指すんだったらマストアイテム。根がかりを恐れて投げられないなんていうのは本末転倒だからね。もちろん、ミノーやメタルの釣りでも根がかり回収機の出番はあるし。**いや、そもそもどのシーズンであっても必須タックルだな。**

田辺さんが長年愛用しているロープ＆チェーン式の根がかり回収機。棒状の回収機で届かない深場はこのタイプが活躍する。

マツ：最近、ルアーをなくすと泣きたくなります。だから根がかり回収機は絶対に持っていきますよ。

田辺：それぐらい愛をもってほしい。ルアーをなくさないっていうのもあるけれど、水中にルアーやラインを残さないってことがとっても大事だよ。**切れて水中に放置されたらルアーもライン**

も、ただのゴミだからね。ディープクランクに限らず、ボートもオカッパリも関係なく、根がかり回収機はぜひ携行してほしい。そして根がかりしたら、回収する努力をしてほしい。むやみに引っ張って切っちゃうなんて論外だよ。

マツ：う〜む、今年ラストを締めくくるにふさわしいピリッとした終わり方になりましたね。

田辺：っていうか、そんなこと当然だろ。

マツ：ですね。では、来年もよろしくお願いいたします。

田辺：こちらこそよろしくね。皆さんも良いお年をお迎えください。Keep Casting!!

TACKLE DATA

- ロッド：ロードランナー・ヴォイス・ハードベイトスペシャル HB760L、LTT680MH など［ノリーズ］
- リール：カルカッタコンクエスト DC200［シマノ］
- ライン：シーガー R18 フロロリミテッド 8〜16 ポンド［クレハ］

第1週【厳寒期の定番シャローゲーム】

食わせの要素を備えた、この先3月まで外せないハードベイト!!

田辺：みなさん、明けましておめでとうございます。

マツ：明けましておめでとうございます。本題に入る前に、田辺さん、年末に予告していたとおり2日には初釣りに行ったんでしょうか？

田辺：行ったよ!!

マツ：どうでしたか？？

田辺：ちょっと仕事が絡んでくる関係で場所とか詳しいことは言えないんだけれど…完デコですよ（笑）。まあ、初釣りなんてこんなもんでしょ。でも、このタイミングで釣りに行って、湖のコンディションを把握できたという事実は、この先必ず生きてくるからね。と、ポジティブに捉えてます（笑）。

マツ：（田辺さんが完デコ…やっぱり冬は厳しいのぅ…）2日は気持ち悪いくらい暖かかったけれど、風も強かったですよね。

そのあたりの状況変化が原因なんでしょうかね。

田辺：どうだろうな…シーズン中とは違って、そもそもバイトが少ない時期だから、何とも言えないよな。たとえ状況が良くても、一日やってノーバイトっていうケースもこの時期なら普通にあるからね。

マツ：（う〜む、いろいろ根掘り葉掘り聞きたいところだけど、仕事絡みと言うからには深追いは禁物か？）それではさっそく、新年最初のゲーム、よろしくお願いします。

田辺：よし、今年もよろしくお願いします!!　まずは基本中の基本、もちろん２日にも試してきたんだけど、やっぱりこの時期に絶対外せないのはシャッド系の釣りだよ。さすがにもうこれを出さなきゃダメでしょ（笑）。俺の場合はレイダウンミノーディープのジャスワカ（ジャストワカサギ）を入れ込んでいくことになるわけだけれど、実際には、シャッドの出番ってかなり長いんだよな。オールシーズン効くけれど、旬で考えたら場所によっては11月くらいから有効になってくる。そしてこの先、３月まではずっと外せないラインナップだね。

レイダウンミノーディープ ジャストワカサギ [シリーズ]

もちろんこの時期ならではのワームの釣りもあるんだけれど、手っ取り早いのがシャローのシャッドパターン。たとえば日差しによって水温が上昇するとか、もしくはフィーディングのために上がれるバスがいるとか、要はほかに比べて口を使える個体を相手に、その目の前をシャッドで通して食わせるイメージです。

マツ：ということは、天気が良いほうが成立しやすいのでしょうか？

田辺：いや、意外にそんなこともないんだよな。曇っていても食ってくる。だから太陽光がほしくてとか、水温が上がったからとか、それだけで動いてるわけじゃないんだろうね。習性って言うのかな。動けるバスは、なんだかんだこの時期でもシャローをうろうろしている。ただ、そのタイミングの幅がムチャクチャ狭いんだけどね。

マツ：この時期のシャッドっていうと、リップラップを釣っていくというのがまず頭に浮かびます。っていうか、ミーの場合はそればっかり…。

田辺：エリアの考え方としては、水温の上がりやすい場所にあるシャローのハードボトムっていうのがベースになる。ただ、光を吸収して水温の上昇しやすい黒い岩のあるハードボトムが良いなんていう言われ方をしたりもするけれど、結局はそこにエビがいるとか…重要なのはやっぱりエサの存在じゃないかな。**エサがいるからバスもいるって考えたほうが自然だと思うんだ。**

温まりやすさだけでエリアを考えていくと、「じゃあ、日差しのない雪が降っている状況はどうなのか？　シャローは切り捨てるのか？」っていう話になってしまうでしょ。そういうシチュエーションって、むしろシャローの反応が良かったりもするからね。

マツ：なるほど。そういう事実があるわけで、冬でもシャローで活動する習性をもった個体がいるってシンプルに割り切って考えたほうが悩まずに済みますね。

田辺：そういうこと（笑）。

マツ：ちなみに田辺さん、冬のシャッドパターンって、ミーは恥ずかしながら霞水系とかマッディシャローでしか試したことがないんです。リザーバーとか山上湖でも、この釣りの考え方というか、パターンそのものは存在するんでしょうか？

田辺：存在する。でも、正直言うとイマイチだよね。それはやっぱり、平均水深の深さが影響しているんだと思う。シャッドの射程距離内に魚が集中していないっていうのかな。だから低地のマッディウォーターだとか、小規模な河川だとか、野池みたいに全体水深が浅い場所のほうがシャッドのハマるケースは多いよね。

マツ：田辺流の使い方を教えてください。

田辺：これはシャッドに限らず言えることなんだけど、1月からはボトムをしっかりととることが重要になってくる。だから基本はボトムをちゃんと叩きながらのスローリトリーブだね。

とくにマッディシャローの場合はボトムタッチの音で魚を寄せている部分もあるんじゃないかな。その意味で、ある程度潜行深度の稼げるシャッドを使って、ラインの太さやロッドティップの保持位置、リトリーブスピードなんかでレンジを調整していくのが良いと思うよ。

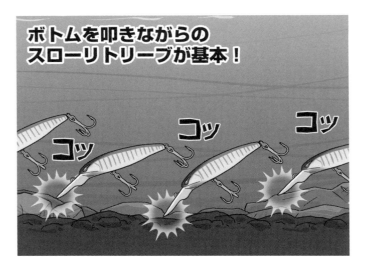

マツ：止めを入れたりするのは？

田辺：それは日によってだよ。巻いて反応するのか？　巻く速さは？　ステイを入れたほうが良いのか？　じゃあ、止めている時間はどれくらいがいいのか？　とか、それは現場でいろいろ試してみなければ分からない。**ちょっと投げてみてあっさり答えが出るっていう時期じゃないからね。**

マツ：ルアーの重さにもよるのかもしれませんが、シャッドの

タックルって、スピニングとベイトだとどっちが適しているのでしょうか。

田辺：俺はあまりシャッドの釣りはベイトではやらないな。スピニングのほうが横に引いたり、止めたり、全体の操作性が高くなるからね。**巻く釣りではあるけれど、ほかのハードベイトに比べてより繊細な食わせの要素を備えているのがシャッドだからね。**

　キャスト精度は圧倒的にベイトのほうが高いんだけれど、俺自身どちらも使ってみて、結果としてスピニングのほうがより多くバスを手にしているというのが本当のところなんだ。

マツ：明日、シャッドを握りしめて初釣りに行ってきます!!

田辺：その意気やヨシ（笑）。やっぱり現場に足を運ぶことが大切だからね。この時期はデコって当然くらいの気持ちで（笑）、でも釣りに行ってほしいなと思うよ。冬の釣りは、間違いなく春に繋がっていくから。頑張ってね。

マツ：頑張ります!!

TACKLE DATA

■ロッド：ロードランナー・ヴォイス・
　　　　ハードベイトスペシャルHB640LS-SGt［ノリーズ］
■リール：ステラ2500、ヴァンキッシュ2500Sなど［シマノ］
■ライン：シーガーR18フロロリミテッド4〜6ポンド［クレハ］

シャローでもディープでもない、盲点のスローダウンゲーム

マツ：まずは"今週の田辺さん"をお聞かせくださいませ!!

田辺：他のメディアの取材だったから詳細は言えないんだけど…水温4～5℃の世界に行ってきましたよ（笑）。いやぁ厳しかった。でも、厳しいなかでの意外な収穫があったよ。とだけ、言っておくね。で、マツはどうなんだ？　先週、シャッドを握りしめて初釣りに行くって言ってたけど？

マツ：釣り納めでシャッドでバスをキャッチした場所に行こうと思ったんですが…ルアマガモバイルの更新作業に追われて…ムリでした。

田辺：ふ～ん、まあそういうことにしとくか（笑）。

マツ：そういうことにしといてください（笑）。それではさっそく、この厳寒期の"ビッグゲーム"をひとつよろしくお願いします。

田辺：先週、シャッドの釣りは比較的水深の浅い湖沼や河川、

野池でのパターンだって言ったよね。だから、たしかに冬の王道のひとつではあるんだけれど、それさえあればどこに行っても通用するぞ、というものじゃない。

マツ：そうなんです。だから逆に、僕なんかは冬はシャッドで釣れる湖に足を運んでしまうという…。それか、メタルの釣りができるリザーバーか…って我ながら引き出し少なすぎですわ（汗）。

田辺：いや、まぁその気持ちは分からないでもない（笑）。そもそも厳しい時期だから、どうしても釣れる場所、釣れる釣りを選んでしまう、そういうことだよな？　でも、それだけしかなかったら、取材なんかでほとんど経験のない湖に行ったとき、すぐ青くなっちゃうでしょ（笑）。

マツ：たしかに（笑）。

田辺：ということで、今回はまったく異なる釣り。ミドルレンジの駒を出しておこうか。

マツ：ディープではない。でも、それなりに水深のある場所を狙う、ということでしょうか？

田辺：そう。場所にもよるけれど、たとえばそうだなマッディなシャローレイクだったらディープと重なってきてしまうけど、水深で言うと1.5〜2.5メートルくらい。リザーバーならだいたい3〜5メートルがミドルレンジの定義。その部分を攻略していく。**要するにミドルレンジはまだフィーディングレンジなんだよ。** そこでキーとなってくるのは、シャローのフィーディング

エリアと同じ考え。それをミドルに置き換えてみればいい。なんだと思う。

マツ：フラット…でしょうか？

田辺：そうだね。で、フラットといえば必ず付随してくる要素があるよな？

マツ：ブレイク…でしょうか？

田辺：そう。珍しく的を射たね（笑）。アメリカでは"ジェントルスロープ"って呼ばれるゆるいカケアガリ。それがキーになってくる。**地形的に落ちるところがなくてただ延々とフラットが続いている場所じゃダメ。**その考え方を人造湖でも天然湖でも河川でも当てはめていけばいい。で、そこに絡む障害物を狙っていく。オダとか沈船とか、倒木とか、ちゃんとシェードが存在していれば岩でもいい。

マツ：ということはルアーには、スナッグレス性が求められるわけですね。

田辺：そうだね。そう考えると当然ラバージグでも良いんだけれど、俺の場合、基本はテキサスリグ。ワームはエスケープツインだな。

エスケープツイン [ノリーズ] テキサスリグ

マツ：バルキーですね～!!　この時期のワームの釣りっていうと、３インチクラスを使ったダウンショットリグとかジグヘッドリグとか、とにかく弱～い感じの釣りをイメージしちゃいます。

田辺：そういう人が多いかもしれないな。でも、あくまでもフィーディングに入ってくるコンディションの良い個体がターゲットだからね。スモールワームのフィネスリグでディープの越冬バスを狙おうっていうんじゃないんだ。そこを勘違いしちゃだめだよ。

マツ：食い気のある魚を狙っていくんだ、と。

田辺：そこで小さいワームを入れたからってパクパク食べてくれるわけじゃない。

　経験上、この時期のスローダウンゲームでも、デカい魚を釣るならワームはある程度の存在感があったほうが分があるって思ってるよ。

マツ：シンカーのウエイトはどのくらいを使うのでしょうか？

田辺：５～７グラム。**アクションはとにかくていねいにゆっくりとズル引くのが基本。**で、障害物を乗り越えたら、しっかりとロッドを戻してタイトに落としてあげる。このときにシンカーが重いと、落差があった場合にフォールスピードが速くて魚が追い切れない。まぁ、これはあくまでイメージだけれどね。逆にこれ以上ウエイトが軽いと、障害物に対してタイトに落とし込めなくなってしまう。

　ピッチングでピンを狙うというよりは、キャスティングで一度その障害物の向こうに沈めて引いてくるケースが多くなる。

その点を踏まえると、ロッドは操作性が高くて感度が良い680MHがオススメです。

マツ：なるほど。この時期というと、シャローかディープか、みたいなノリがあるじゃないですか？　だからミドルレンジの攻略というのは考えたことがありませんでした…(汗)。

田辺：意外に盲点と言えるかもしれないね。

TACKLE DATA

■ロッド：ロードランナー・ヴォイスLTT680MH、
　　　　　ストラクチャーST680MHなど［ノリーズ］
■リール：メタニウムDC、SLX MGL70、SLX MGL70 HGなど［シマノ］
■ライン：シーガーR18 フロロリミテッド14ポンド［クレハ］

第3週 【真冬のミドルレンジ攻略・Part2】

シャッドでは届かない、一段下を探るための選択肢

マツ：先週末は雪が降ったり、なんだかここにきて急に寒くなった気がしますけど、田辺さん、どこか釣りに行きました？

田辺：一昨日、相模湖に行ってきたよ。動画の撮影にね。

マツ：さ、相模湖???　いま、水温6℃くらいしかないんじゃないですか？　しかも動画の撮影って…攻めてますね〜!!　魚は釣れたんですか？

田辺：水温は思いのほか高かった。7℃くらいあったな。あれは雪解けが下に入り込んだ影響じゃないかな？　今の相模湖は浅いレンジが狙いめだよ！　って、そもそもフィッシングショーで流すための新作ルアーのアクション解説動画を撮りに行ってきただけだから、ね。なんとしてでも魚の絵がほしいっていう撮影じゃない。そうだよ、マツも手伝いに来てくれれば良かったのに…水中班のスタッフが足りなくてさ（笑）。

マツ：よしんばオファーをいただいても、この時期の水中撮影はありがたく遠慮させていただきます(笑)。

田辺：冷たい水を実感してバスの気持ちになれば、何かヒントがつかめるかもしれないぜ。初バス、まだなんだろ？(笑)

マツ：ウ………本題に移りますよ!!

田辺：おう(笑)。今回はね、先週と同じミドルレンジのパターンだよ。この時期、ミドルレンジっていうのは実はリザーバーとかでキーになるケースが多々ある。目安としては３〜５メートル。水質がクリアな湖であっても、その水深だったら魚やボトムが見えるわけではないし、それでいて微妙に太陽光も届くような感じじゃないかな。

マツ：その水深が食わせやすいレンジということでしょうか？

田辺：食わせやすいというよりは、魚がいるかいないかの問題。たとえば水深１〜２メートルにバスがいるなら、シャッドとかジャークベイトで良いわけだよ。**でもそんなシャローまで魚が上がってこない、あるいはそもそもいないっていう場合、必然的にその下のレンジを狙っていくことになるわけだ。**

マツ：シャッドは水深のあるレイクでは効きにくいという話でしたが、まさにそのことに関連しているわけですね。

田辺：そう、そういうことです。だから、ここでの選択肢はロングビルミノー。ちゃんと潜行深度を稼ぐことが大事なんだ。具体的にはタダマキ112とか132JPだね。もちろんディープクランクでも食うときは食うんだけれど、それよりももっと

ゆっくりと誘うことができるっていうのがキーだね。当然、止めたりするのも重要になってくる。

　要するに、マッディシャローのレイクで「ワームじゃなくてシャッドだよ」とやってるのと考え方は一緒。その釣りを、もっとレンジを下げて展開してるだけだよ。

タダマキ112
[ノリーズ]

タダマキ132JP
[ノリーズ]

マツ：シャッドでシャローのハードボトムをトレースするイメージで、ロングビルミノーでミドルレンジのフラットボトムを通してやればいい、と？

田辺：そう。だから当然、この場合はオダとか障害物が絡む必要はない。ただ、ボトムの地質について言うなら、岩と土が混じってくるような場所が狙いめになってくる。これは先週の話にも関係してくるんだけれど、ゆるやかなカケアガリのあるフラットって、おのずと岩と土で構成されている場所になってくるんだよ。

マツ：なるほど、これが岩場とかになってくると、急激にドンと落ち込んじゃいますもんね。

田辺：そうなるとボトムを叩くことができないでしょ。使うラインの太さや飛距離にもよるけれど、112なら10ポンドの

フロロでだいたい3メートル弱、132JPは3.5メートルまで入れ込んでいける。しっかり潜行させるために680Lでロングキャストして、より潜らせたいなら8ポンドで使うのもアリ。

　これをゆるやかなブレイクで起用して、あとはシャッドの釣りとまったく一緒。ボトムを軽く叩きながらゆっくりと巻いて、その日の魚の反応を見ながら、リトリーブスピードを変えてみたり、たまにポーズを入れたり、ポンプリトリーブしたり、いろいろ試していけばいいわけだ。

マツ：シャッドとロングビルミノーだとサイズがまったく違うからそのあたりにギャップを感じちゃう人もいそうな気が…。

田辺：ってそれ、自分のことだろ（笑）。シャッドは小さいから食うっていう考え方を持っちゃダメだよ。そうではなくて、シンプルに狙う場所のレンジに合わせてタイトな動きで誘えるルアーを選ぶという考え方をすればいいだけの話。シャッドはできるけど、ロングビルはできないっていうのはナンセンスですよ（笑）。

マツ：………(- -;)

TACKLE DATA

- ロッド：ロードランナー・ヴォイス・ハードベイトスペシャルHB680L、HB710LLなど［ノリーズ］
- リール：アンタレス、SLX MGL、カルカッタコンクエスト100DCなど［シマノ］
- ライン：シーガーR18フロロリミテッド8〜12ポンド［クレハ］

第4週【厳寒期のディープ攻略!!】

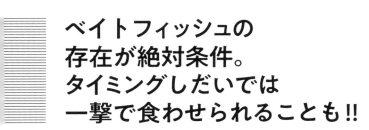

ベイトフィッシュの
存在が絶対条件。
タイミングしだいでは
一撃で食わせられることも!!

田辺：まずは"今週の田辺哲男"からだよな(笑)。

マツ：ハイ(笑)。よろしくお願いします。

田辺：週明けから四国に行ってきたよ。

マツ：(ムム、田辺さんから振ってきたということは…)良い釣りができた、と？

田辺：良い釣りってこともないけど…まぁ、それなりの結果だよ。

マツ：デカいのが出た、と？

田辺：まぁ、それなりにな(笑)。でも、状況的にはやっぱり簡単じゃない。関東よりもむしろ寒かったしね。ただ、シャローじゃないんだよ。

マツ：ってことはディープでしょうか？

田辺：違うよ。前回、前々回と言ってきたでしょ。

マツ：う…ミドル？

田辺：そういうことですよ。他のメディアのロケだからこれ以上詳しいことは言えないけどな。

マツ：（う〜む消化不良…）分かりました…。実際の話、ここのところシャロー〜ミドルレンジの展開が続いていたわけですが、いかにも厳寒期であることを考えた場合、そろそろディープの展開が登場しても良いように思うんですけど…（笑）。

田辺：だよな（笑）。ってことでご期待どおり、今回は厳寒期のディープ攻略を紹介するよ。ただ、**この場合も「魚がフィーディングモードに入れるディープを釣る」というのが自分のなかにある。**って、こう言うと「またフィーディングかよ」みたいな？（笑）

マツ：自分で突っ込まないでください（笑）。ってことは越冬バスを狙うというのではない、と？

田辺：いや、狙うのは越冬バスなんだけれど、口を使える個体がいられる場所っていうのかな？　越冬場所に隣接したディープ、水深で言うと6〜8メートルって感じだな。たとえば越冬場所が10〜12メートルだったとするよね。そこにいる個体がフィーディングのために上がれる場所、そこを狙っていく。

　ここまで言えば、これまでの流れからどういう場所を狙うかは分かるよね？

マツ：はぁ…ブレイクが存在しているフラット…でしょうか？

田辺：そう、正解（笑）。

マツ：あら、マジですか（イェ〜イ!!）。

田辺：マジですよ。その条件がどこにあってもいい。湖のど真

ん中でもいいし、端っこでもいい。ただし、**何よりも大切なのは、そこにベイトフィッシュが絡んでくること。**

　ベイトフィッシュが存在しなければ、バスもそこには上がってこない。やっても釣れない。

マツ：でも、これまで解説してもらっているシャローのシャッドにしても、ミドルレンジのテキサスやロングビルでも、ベイトフィッシュの存在は必須なんですよね？

田辺：もちろん、いるにこしたことはない。できれば絡んでほしい。**でも、今回のディープの場合、"できれば"じゃなくて"絶対"だよ。ベイトフィッシュが絡まなければ釣れない。釣れた試しがほとんどないと言っていい。**

　なんでかって言うと、シャロー〜ミドルっていうのは、オダだとかスタンプだとか、なんだかんだでバスがステイできるところがあったりするでしょ。でも、ディープの場合、そういう場所がほとんど期待できない。もちろん湖にもよるけれど、そのレンジの障害物って、かつてはあったとしても埋まっちゃってたり、流されてしまったり、朽ちて消滅していたりする。越冬場所が近くにあるフラットっていうと、そもそもサンドバー的に構成されたスポットだったりもするからね。意外にハードボトムじゃなかったりするわけだ。

　だけどそこにベイトフィッシュが絡めばバスも上がるから、タイミングしだいでは一撃で食わせられることもある。

マツ：なるほど…では、そこで使用するルアーというのは？

田辺:ジャカブレード。ジャカなんだよ、そういう魚たちには。ウエイトは9グラムがメイン。

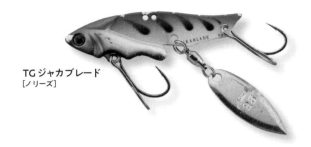

TGジャカブレード
[ノリーズ]

マツ:ベイトフィッシュがいることを前提にすると、ジャカブレードをバーチカルに落とし込むということでしょうか?

田辺:いや、キャスティングで狙っていく。

マツ:それはフラットだから?

田辺:そう。広いところをリフト&フォールでどんどん輪切りにして探っていくイメージ。スロープ状になったゆるいブレイクのエッジ付近とか、フラット上はもちろん、くまなく切っていく。そのときに、きついブレイクが隣接していればワサビーを落とし込むっていうローテーションも当然アリだよ。

マツ:となるとこの釣りのタックルは…。

田辺:お察しのとおりスピニング。そのレンジをキャスティングで釣ろうとすると、ベイトタックルではムチャクチャ難しいからね。距離があるとリフトしたときにルアーが上手く持ち上がってくれない。**それがスピニングでPEのシステムだと、ラインそのものが伸びないし、浮力もあるからちゃんとリフトできるんだ。**

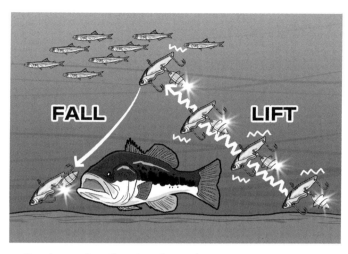

マツ：冬のメタル系にはスピニング＋PEのシステムがマストアイテムって感じですね。

田辺：オレはそう思うよ。ハイギアのベイトでPEの1号クラスを巻いてっていうのも可能かもしれないけれど、ベイトの場合、細いとイト噛みしちゃったりトラブルを招きかねないからね。今のところ、自分自身の経験上はスピニングのほうが圧倒的に釣れる。**これはもうPEだからこそのゲームだと断言するよ。**

TACKLE DATA

■ロッド：ロードランナー・ヴォイス・
　　　　　ハードベイトスペシャルHB660MLS-SGt［ノリーズ］
■リール：ステラ2500［シマノ］
■ライン：PE0.6号
※リーダーはシーガーR18フロロリミテッド8ポンド［クレハ］をひとひろ
　（リールに巻き込まないくらいの長さ）

二兎を追う者は一兎をも得ず。

必然のビッグフィッシュ

釣りビジョンの番組『Go for it !』のロケで愛知県の入鹿池へ行ったときのこと。

入鹿池は、日本のバスフィッシング黎明期から知られる中部地方の老舗ポンド。池と言っても国内最大級の規模であり、最深部は余裕で20メートル以上、小さなリザーバーといった雰囲気の場所です。

経験値としては、もう5年ほど前かな、当時、ロッド&リールで連載していたビッグフィッシュバトルの取材で訪れたのが最後。そのときはプラクティスで40センチ後半サイズを手にしたものの、本戦では地元ボート店推薦のロコアングラーともどもデコったという…(苦笑)。さらにさかのぼれば、JBTA(現JB)の試合で小バスをぽろぽろ手にしているけれど、それ以降は1尾しか釣ってないんじゃないのってくらいの記憶しかなかったんだよね。

話を聞くと10人出て2、3人釣ってくれば良いほう。しかも複数の釣果を得られるのはレアケース。イメージとしては、デカい個体もいるけれど、デコ率高しの難しい池。

相応の覚悟で臨んだわけです。

そうしたら、なんと!! 57センチと56センチを釣ってしまいました(笑)。

そもそもデカいバスを食わせられる確率というのは、どこの湖でも低いよね。まず個体数自体が少ないし、そのサイズに育つまで数え切れない修羅場をくぐり抜けてきただろうから頭もいい。でも、

　自分の釣りに関して言えば、年を追うごとに明らかにビッグフィッシュ率が高くなっているのを実感しています。

　よく、「田辺さんてホント、モッテますよね」なんて言われるけれど、いや、そうじゃないよ、と。

　俺が今実践しているのは、たしかにデコと紙一重のゲームかもしれない。たしかにサイズがデカくても、一日1尾なんてことも多くてマグレに近い結果と思われるかもしれない。

　でも、俺のなかでそれは必然なんだよね。

　サイズにこだわらず、単に魚を手にする確率を高めようと思うと、ビッグフィッシュからはどうしても遠ざかってしまう。だからそういうゲームを、もう随分と前に俺は捨てているのです。

　今の俺は、サイズ問わずとにかくまずは釣るという方向のルアーを封印している。食えばデカいだろっていうルアーだけを使い、もし今あるもので足りないのであれば創ってしまう。

　そうした作業を繰り返していくと、必然的にビッグフィッシュを手にする回数が増えてくる。ロケ当日は、冷え込みも今年一番だし、ドピーカン。しかも入鹿池。でも、その状況、その場所で、MAXクラスを手にすることができてしまう。

　入鹿池もそうだけど、レンタルボートで釣り込んでいるロコのな

かには、まずは釣ることを目的にディープでフィネスを展開しているアングラーも多い。そうしたゲームに注力して魚を手にすることができれば、魚探の使い方だったり、ディープスポットの攻略はどんどん上達するよね。それはそれで楽しい。俺自身、そういう釣りに傾倒した時代もある。

ただ、そういった釣りをやっていると、今、俺が実践しているゲームには時間が割けなくなってしまう。それはすなわち、デカい個体を狙う釣りが上達しないということ。

どちらを取るか？

思うに、二兎を追うことはできないんだよね。

理想を実現するために大切なこと

今の俺は、ハッキリ言って食わせの釣りが下手です。それは俺自身が一番よく分かっている。あれもこれも器用にこなせるほどバスフィッシングは簡単じゃないんだ。

試合で育ってきた俺の理想は、リミットをすべてデカいバスで揃えること。誰もが驚くようなヘビーウエイトを積み上げること。それが目指すところ。

だから最低限リミットは釣りたい、とは思うよ。でも、湖の規模やアングラーの数、国内のバス事情を踏まえると、その理想を実現するためのハードルはあまりにも高い。だけど、少しずつその次元に近づいている実感はたしかにある。

以前は、雨が降ったり、天候が味方をしてくれないとビッグフィッシュは釣れないくらいに思っていたりもしたけれど、今は「そうじゃなくても何かあるだろ」、「たとえピーカン無風でも対処の仕方がきっとある」と考えられるようになっている。その"何か"というのは、

現場に行って、実際に釣りをしてみて初めて気付けるものなんだよね。

　だから場所がどこであろうと関係ないんだな。どんなにタフでも、その逆でも、俺が狙っている魚は確率的には低い。これは変わらないからね。

　何より大切なのは、自分がおもしろいと思えること。だから俺は、見える魚を探しながら岸沿いを流していくようなサイトフィッシングはやらないし、スポーニングベッドも狙わない。そうしたゲームは、俺が求めているおもしろいバスフィッシングのカテゴリーに属さないんだ。

　このスタンスはこれから先も崩さないようにしていきたい。それを崩しちゃうと、何を求めているかがブレてしまうから。

　プライベートも、ロケも、プロトのテストも、すべての釣行は自分の理想に近づくための修行。誰もが足を運べるメジャーレイクで、ルールを無視した夜釣りなんかではなく、レンタルボート店の営業時間内あるいはデイゲームのなかで、自分がおもしろいと思えるゲームで、デカいバスを釣る。

　そのためには、自分がコレと決めた釣りにどれだけ時間を費やすことができるか。費やすことで、いつかきっと花は開く。でも、費やさなければ、開きようもない。

　そういうことですよ。

(ルアマガモバイル2017年11月24日掲載)

【シャロー狙いの裏ワザ!!】

臆せず撃て!!
手返し重視のカバーゲーム

マツ：今回から2月に突入！ 田辺哲男の真冬のゲームということで、ここまでシャロー・ミドル・ディープときたわけですが…。

田辺：今回はシャロー。基本、リザーバーを想定しています。これから紹介するのはね、オレのなかでもちょっと裏ワザ的シークレットだよ(笑)。

　この時期でもジャークベイトやロングビルミノーでシャロー〜ミドルレンジの魚を釣っていくパターンは存在している。いや、というよりむしろ、この時期だからこその特別なパターンだと言ってもいい。

　その湖の水温が底を叩いて、**でも徐々に日照時間が長くなるから表層が温められて水温躍層ができる。そうなってくるとプランクトンが浮いて、ベイトフィッシュが浮いて、バスも浮**

く…とくにデカい個体がね。 ただ、絶対数は少ない。それこそ延々流して1尾っていう展開。だから、ジャークベイトやロングビルミノーをひたすら投げて巻いていくという…でも、実際に釣っていくと、どうしても横に巻くことができない場所というのが出てくるでしょ。

マツ：それは、キャストそのものがしづらい場所ということでしょうか？

田辺：そう。本当はタダマキをトレースしたい、レイダウンミノーを入れてチャチャッと誘いたいんだけれども、そんなアプローチをさせてくれない場所っていうのが多々ある。そういうところに入れ込むべきルアーがあるんだ。なんだと思う？

マツ：ジャークベイトを入れられないってことは、当然、カバーが絡んでいたりもするんですよね。となると…ラバージグ…でしょうか？

田辺：まぁそれもありだけど、それじゃ「裏」じゃなくて「表」ワザでしょ（笑）。答えは、インザベイトだよ。

インザベイト バス
[ノリーズ]

マツ：な、なんと!!

田辺：もちろん、カバー周りなんかもそうだけど、手前に竹が

倒れていてトレースコースをふさいでしまっていたり、水面に浮きゴミが多かったり…まぁ、土の岬だろうが岩の岬だろうが、岩盤の張り出しだろうが、ぶっちゃけどこに入れてもいい。**「このシャローは魚が乗ってる」と思える場所を、とにかくインザベイトで撃っていく。**

マツ：ってことは、リアクションで誘うのでしょうか？

田辺：そうです。**だから勝負は早い。インザベイトをピッチングでダイレクトに入れて、最初のフォールで食わせるイメージ。**

それで食わなければ、1回シャクってピックアップっていう手返し重視のゲーム。「ホントかよ？」って思うかもしれないけれど、ホントだよ（笑）。

ウエイトは12グラムと18グラムのどちらも使うけれど、障害物がキツい場所では18のほうがラク。やっぱり、引っ掛かっても外しやすいからね。もちろん、回収時に引っ掛かってしまうことも多いよ。**ただ、これはワンスポットで何度も撃ち直すゲームじゃない。**だから引っ掛かったら引っ掛かったでボートを寄せて取りにいけばいいだけの話。

マツ：これまでのパターンでキーになっていた、ゆるいブレイクのフラットとか、そういうエリアで考えていく必要はないの

でしょうか？

田辺：いや、この場合はもうちょいバンクの傾斜がキツいシャロー。フラットだと、そこまで上がってくる魚はほとんど期待できないからね。水深の目安としては1〜3メートルってところかな。

マツ：カバー狙いのインザベイト。タックルも相応のものが必要ですよね？

田辺：リアクション的なバイトをしっかり掛けられるノリの良さを備えていながら、カバーからビッグフィッシュを引きはがせるバットパワーも必要になる。となると、使いやすいのは680MH。ただ、別に浮きゴミマットやブッシュの奥に入れ込むわけじゃないから、ラインは14ポンド。逆にこの太さから、撃つ場所のイメージがつかめるんじゃないかな。

マツ：う〜む、インザベイトと聞くと、ハナから深いレンジを釣るっていう先入観がありますから意外です。

田辺：だろ。インザベイトは水深が1メートルあれば勝負ができるんだ。でも、これはホント俺のなかではシークレットだから、ナイショだぜ（笑）。

マツ：了解です!!（笑）

TACKLE DATA

■ロッド：ロードランナー・ヴォイスLTT680MH［ノリーズ］
■リール：メタニウムDC、メタニウムMGL HGなど［シマノ］
■ライン：シーガーR18フロロリミテッド14ポンド［クレハ］

【初春の定番再び!!】

ディープは切り捨てよ！
合わせるべき照準は
シャロー〜ミドルの越冬バス

マツ：そういえば田辺さん、一昨日の雪の予報が出ていた日に「もしかしたら亀山湖へ釣りに行くかも」っておっしゃっていましたけど…？

田辺：そう、一昨日の亀山な…いや、これは絶対にXデイになるんじゃないか、と。前日に準備までして、朝も早くに起きたんだけどね…かなり積もるっていう予報だったでしょ。で、行っては良いけど帰れなくなったらマズいよな…ってことで断念しちゃったんだよ。そしたらさ…。

マツ：そしたら？

田辺：のむらボートの友くん（編集部注：のむらボートハウスの若旦那・野村友行さん）が54センチの3キロ超えだって（笑）。しかもスプーンテールのノーシンカーだぜ!!

マツ：スプーンテールのノーシンカーってことは、当然表層の

釣り、ですよね。

田辺：そう、この時期の亀山はアカガエルパターンがあるでしょ。ああいうタイミングだと、やっぱりデカいのは間違いなく水面を意識しているんだろうね。そりゃ、当日行って俺がそんな魚を釣れるかどうかは別問題だけれど、そういう可能性がある日だったことは間違いないわけで…結局、雪もたいして降らなかったでしょ。行きゃあ良かったよ（笑）。

マツ：ある意味、読みは的中したわけですね（笑）。しかしその水曜日からまた寒くなってはいますが、先週末なんかは暖かったし、2月に入ってちょっと春っぽくなってきたような気がしますね。

田辺：そうだな。**ここからはもう基本的にはシャロー勝負!! ディープは切り捨ててしまって構わない。**そりゃ釣れないことはないけれど、深いレンジはかなり水温が下がってしまっているはずだからね。

マツ：そうなると当然食わせるのが難しくなってしまうわけですね？

田辺：そう。しかも苦労してディープで釣れたとしても、サイズやコンディションはいまひとつっていう場合が多い。だったら、少しでも活性が高くて、クオリティも高い魚が期待できるシャローを釣っていったほうが良いと思うんだ。

　つまり同じ越冬の個体でも、シャロー〜ミドルで越冬する魚を狙ったほうがいいよ、と。具体的に一番分かりやすいのは消

波ブロック。あとは浅いレンジにあるオダとか、そういった場所で冬を越す個体を釣っていくのが今回のテーマです。

マツ：ズバリ、ルアーは？

田辺：やっぱり冬からの流れになるんだけれど、**外せないのはシャッド。**1月にも紹介したけれど、ジャスワカ（レイダウンミノーディープジャストワカサギ）だね。これはもう、この先春までずっと一軍です。

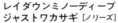
レイダウンミノーディープ
ジャストワカサギ［シリーズ］

で、シャッドで狙うのは、フィーディングのために動けるヤル気のある個体。だから、狙うのも一等地だよ。部分的に出っ張っている場所だったり、角だったり。普段は3メートルくらいまでの穴のなかにいて、タイミングによってエサを食べるためにそういったスポットの1.5メートルくらいのレンジまで上がってくる。それを狙うわけだ。

マツ：消波ブロック帯を釣る場合、角の部分は分かるとして、部分的な張り出しとかは、実際に釣ってみないと分からないですよね。

田辺：そうだね。水面上のブロックの入り方である程度の推測はできるけれど、水中で沖側にこぼれていたり、ボトムの地形

そのものが張り出しているような場所は、実際に釣ってみないと分からない。**だから地形を把握していないのであれば、まずはブロックと平行に流しながらトレースしてみる。そのうえで変化のある場所を特定したら、もう一度戻ってきてそこをていねいに探ってみればいいよ。**基本的な考え方は、流れが強く当たらない場所。土や砂に埋もれているような場所のほうが越冬エリアになるからね。

マツ：アクションの注意点はありますか？

田辺：11月から12月のはじめくらいまでなら、シャッドはボトムコンタクトさせる必要がない。でも、くどいようだけど厳寒期にはボトムや障害物にコンタクトさせながらトレースすることが大事なんだ。バスの目の前をトレースさせるイメージだね。だから潜行深度をしっかりと稼ぐことのできるシャッドを使ったほうが釣りやすい。なんでかって言うと、**出っ張ったところにぶつかったときに止めることができるでしょ。**ちゃんとコンタクトできていないと、どこで止めていいかが分かりづらいんだ。だから、ちゃんと潜ってくれるジャスワカディープ、となるわけだ。

マツ：止めるということも大事なんですね。

田辺：そう、この時期のバスは素早く動けない。そのための"ステイ"だからね。**実際、止めたあとにグーッと重くなったり、クンッとティップが入ったりするケースが多いんだ。**

マツ：ということは、当然タックルセッティングも重要になりますよね。

田辺：そのとおり。俺の場合、ロッドはハードベイトスペシャルのHB640LS。これはSGt（シャキットグラスティップ）を採用しているんだ。ティップは柔らかいのにシャキッとしてる。要するに投げたあとにダルさがない、ティップのお釣りがこない。ガイドセッティングも含めてそういう設定になってます。一方でバットはちょっと強めにしてある。

　これまでシャッドっていうと全体に柔らかいロッドでやってたんだけど、それだと今くらいの時期にありがちなバスの口にリアフック1本みたいな掛かり方の場合、バラシが多くなってしまう。そういうときって、皮一枚とか、ハリ先が浅く掛かっているだけっていうケースがほとんどだからね。だからといってバットもティップも強くしてしまうと高速リトリーブ時や逆に止めたときのバイトがまったく乗らなくなってしまう。

　でも、このサオだと食った瞬間にサオ先が入って、その後に巻きアワセすればバットの力でフックが貫通してくれるんだ。貫通すればバレない。そのために作ったのがHB640LSなんだよ。**シャキッと飛ばして、クイッと食い込ませて、ドスッとアワせる。**そんなイメージです（笑）。フックサイズ＃10、＃8を基

準の貫通力と考えて、#6なら追いアワセを入れてね、っていうくらいのロッドだな。

マツ：ドラグの設定とかは…？

田辺：普通でオーケー。よく、ズルズルにしておいたほうがいいなんて言われるけれど、ハッキリ言って意味がない。そりゃ、俺もいろいろ試したよ。でも、ズルズルだとまずフックが刺さってくれない。

　霞水系なんかでシャッドをやってると、レンギョとかコイとかボラとか他の魚種にブルンと当たることがあるよね。タックルのセッティングがちゃんと出てると、ああいうのがスレで掛かっちゃうんだよ。ファイトの時間がハンパなく長かったりするから、それが厄介なんだけど（笑）、でも、そういう魚が掛かるっていうことは…。

マツ：バスも掛かる、と？

田辺：そういうことです（笑）。

TACKLE DATA

- ロッド：ロードランナー・ヴォイス・ハードベイトスペシャル HB640LS-SGt［ノリーズ］
- リール：ステラ2500、ヴァンキッシュ2500Sなど［シマノ］
- ライン：シーガーR18フロロリミテッドハードBASS 4もしくは5ポンド［クレハ］

※ラインの太さは障害物の根がかり度合いに応じてセレクト。

ニュートラルな個体に口を使わせるこの時期ならではのテクニカルゲーム

マツ：田辺さん、もしかして今、亀山湖でしょうか？

田辺：なんでだよ。

マツ：いや、今日天気が崩れる予報だったんでもしかしたらと思って（笑）。

田辺：今日は自宅にいるよ（笑）。

マツ：「今日は」っていうことは…。

田辺：週明けに雨の予報だったでしょ。あのタイミングで行ってきたよ。

マツ：なんと!! では…？

田辺：いや厳しかったよ（笑）。ここのところずっと寒い日が続いちゃってたからな…たぶん、今日も難しいんじゃないか。でも、もうこのタイミングに入ってくると紙一重だと思うんだ。だから良さそうな日があったら、また突っ込むよ（笑）。

マツ：ちなみにワタクシ、もうすぐ3月だというのにまだ初釣りすら行けてないんですけど…。

田辺：はぁ？

マツ：……ということで、本題に移りましょう!!

田辺：釣り行かなきゃ、な（笑）。オーケー、今回は前回の続きだよ。シャロー〜ミドルレンジの越冬バス狙い。なんだけれど、前回はフィーディングモードだったでしょ。そうじゃなくて、ちょうど今みたいに寒い日が続いている状況で、消波ブロックの穴だったりオダの隙間だったり、そういうところに入ってるニュートラルな状態の魚をどう釣るか。

マツ：カバーのなかを狙っていく感じですね。

田辺：そう。だから使うのはテキサスリグ。なんだけれど、このタイミングでのテキサスは実際にやってみると分かるけれど、バイトがあっても乗らない率が高いんだよ。微かにコッと当たるとか、「これってバイトなのか？」みたいな食い方とか、そんなアタリだからミスする可能性も高い。

マツ：外に出てきている個体と違って、基本的には活性が低いわけですね。

田辺：そうです。だけど、ほかの場所で食わせるのは本当に難しい。だったら、**「フッキングはできなくもまだアタリのあるこちらを選んだほうが良い」っていう考え方だね。寒くても反応があればモチベーションを保てるでしょ。**

で、穴のなかを釣っていく釣りだから、ダウンショットとかジグヘッドだと上手く入れ込めない。やっぱりテキサス、となるわけだ。

ただしシンカーはあまり重くしないよ。だからと言って軽すぎてもダメ。ちゃんと穴とか隙間に入る重さを選ぶ。ということで5〜7グラムって感じだな。普通に考えると、ヘビダンだったり、フリーリグなんかが定番だろうけどね。

マツ：ワームは何をセットするんでしょう。

田辺：このパターンで使ってるのはパワーバランス。

4インチパワーバランス
[ノリーズ] テキサスリグ

マツ：パワーバランス…ですか？　ピンテール系の…？　この手のワームはあんまりテキサスリグにセットして使うイメージがないんですけど…エスケープシリーズみたいなバルキー系ではない、と。

田辺：甘いな（笑）。**この時期はストレート系なんだよ。でね、シンカーはペグ止めしないのがキモ。**そうするとストンと落ちたときに、このワームはワンテンポ遅れてスッとダートするんだ。その動きが効く。

バスにしてみれば「食い頃のエビが落ちてきました」って感じじゃないかな。

マツ：ボトムで誘ったりはするのでしょうか？

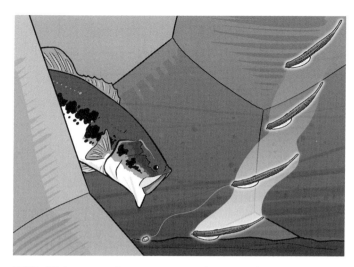

田辺:軽くシェイクを入れるくらいだね。そんなに1ヵ所でじっくり誘ったりはしない。それよりも**落とした瞬間に一旦ラインスラックを入れてあげることが重要だよ。あと、大切なのがピックアップするとき。**

　フォール後はアタリが手元に伝わらなくても食ってる可能性がある。だから消波ブロックなら、次々に穴に落とし込んではいくんだけれど、ハイシーズンみたいにすぐにピックアップするんじゃなくて、ちょっと食わせる間を置いて軽く聞きながらのほうがいい。それでもミスっちゃうんだけどね。いや、このパターンは本当にフッキングさせるのが難しいんだ。

マツ:ってことは、これまた使うタックルがモノを言いそうな釣りですね。

田辺:だな。俺の場合は感度重視、ストラクチャーの670MHで

組んでる。このロッドはソリッドティップで、硬過ぎないティップだから小さなアタリが視覚でも分かりやすい。基本的にはベイトフィネスとしての設計なんだけれど、使うワームがバルキーじゃないから、5グラムクラスのテキサスも充分イケる。かなりテクニカルに操作できるはずだよ。

マツ：う〜む、まさにニュートラルなバスを狙う釣り。でも、田辺さんの言うとおり、この時期はたとえミスってもアタリがある釣りのほうが集中力が保てますよね（笑）。

田辺：そうなんだよ。でも、そもそも釣りに行かなきゃアタリもへったくれもないけどね（笑）。

マツ：…………今週末こそ行ってきます（汗）。

TACKLE DATA

■ロッド：ロードランナー・ストラクチャーST670MH-Ft、
　　　　　ST680MH、ST6100MHなど［ノリーズ］
■リール：メタニウムDC、メタニウムMGLなど［シマノ］
■ライン：シーガーR18フロロリミテッドハードBASS14ポンド［クレハ］

重要なのはフィーディングの タイミング。
時間帯だけでなく、
状況の変化を感じたら動くべし!!

マツ：秋冬と田辺さんのパターンを紹介してもらって、今日が2月の4週め、すなわち冬の最後になるわけですが、まずは"今週の田辺哲男"からお願いします。

田辺：定時連絡ね。はぁ…。

マツ：え？　そのため息はいったい？

田辺：いや、月曜に雨が降ったでしょ。で、懲りもせずに行ってきたわけだよ、亀山に。ずっと寒いまんまだけど、暖かい日が続いた状況なんて待ってられないだろってことで、ね。

マツ：気合い入ってますね〜!!　あの日は超寒かったんじゃないですか？　次の日は雪がぼたぼた降ってたみたいだし。

田辺：寒かったね〜。で、ネタとしてはだな…。

マツ：はい、ネタとしては？

田辺：岩盤のゴミ溜まりにNF60を投げて、モワッと出たんだよ!!

NF60[ノリーズ]

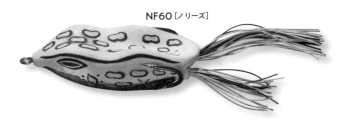

マツ：なんとフロッグで!! マジすか!? それでデカいの掛けてバラした、とか!?

田辺：いや、出て終わり。その一発が乗らなくて、あとは何もなし。いや〜連敗だよ。ただまぁ当日は周りもみんな釣れてなかったから、モワッと出ただけでもネタにはなったんだけどね（笑）。ちなみにアカガエルは鳴いてなかったな（笑）。

マツ：う〜む、やはりキビシイですねぇ…ちなみに僕は日曜日、ついに初釣りに行ってまいりました。

田辺：やっと行ったか（笑）。どうだったよ？

マツ：印旛沼水系の水路に行ったんですけど、友人が1尾、ミノーでキロフィッシュを釣りました!!

田辺：ミノーで出たか。いいじゃない。で、キミは？

マツ：え〜と…撃沈です!!

田辺：そうか…ま、簡単じゃないよな。まあ、マツの初バスがいつになるのか、楽しみだよ（笑）。

マツ：………本題にいきましょう!!

田辺：オーケー（笑）。今回はね、まさにミノー、レイダウンミノーミッド110とか、な。今年は今がむちゃくちゃ寒いから、魚の動

くタイミングとしてはもうちょい遅れるかもしれないけれど、デカい魚を釣ることを考えたら外せない。この時期のセオリーと言えるゲームだね。

レイダウンミノー ミッド110［ノリーズ］

マツ：やはりシャローを意識している魚を狙う、ということでしょうか。

田辺：そう。**具体的にはフラット入口のフィーディングバスを狙っていく。** 分かりやすいのは傾斜がゆるい岬の両サイドの付け根の部分。リザーバーだったら、バンクのマテリアルが岩盤から土に変わってフラットが張り出すようなスポット。

狙いはフラット入口のフィーディングバス

まだこの時期だと、フラットの奥（インサイド）までは魚が入らない。状況に応じてフィーディングに上がってきて、またすぐに下がっちゃうからね。**だからタイミングがとても重要だよ。**
マツ：う…日曜日もまさにそんな感じだったかも…。友人は水路のチャネルに隣接するフラットで釣ったんですが、そのあとはなんにもナシ…。
田辺：だろうね。2月で、しかも今みたいに寒波が続いている状況だったら、食うタイミングはすごく短いはずだよ。朝イチとか、もしくは昼に水温が上がってちょっと魚ッ気が感じられるようになった時間帯とか。
マツ：ということは、この展開だけをひたすらやっていくより、タイミングを見計らって繰り出すほうが良いのでしょうか？　たとえば、それまでは消波ブロックの穴撃ちを試したり。
田辺：そういう場所があればね。といっても、タイミングを合わせるのって単に時間だけの問題じゃないからな。それまでベタ凪だったのに風が吹き始めたとか、雲が出てきてローライトになったとか、そういう変化を感じて動くことも大切だし、そのあたりの判断は難しいところだよ。
マツ：タックルとアクションはどのような？
田辺：トゥイッチ＆ポーズもしくはジャーク＆ポーズの繰り返し。あまり難しく考える必要はない。で、きっちりと狙いたいところに入れ込んで、しかもロッドワーク中心で誘っていくから、ロッドはハードベイトスペシャルの600Lが使いやすい。この長

さだと、たとえばオーバーハングの下とかであっても臆せず正確に投げられるんだ。

　狙う場所自体は限定的だし、岸に近いところをチェックしていくわけだから、そういうアプローチができると釣り自体が大雑把にならない。これがオープンウォーターを流していくようなアバウトな釣りで展開していくと、食うものも食わせられなくなっちゃうからね。

マツ：う〜む、さっそく試してみたいですね〜!!

田辺：この土日は行かないのか？

マツ：のっぴきならない家庭の事情が……。

田辺：つまりマツの初バスは3月に持ち越しってことか・・・。

マツ：……必然的にそうなりますね(T_T)

TACKLE DATA

■ロッド：ロードランナー・ヴォイス・ハードベイトスペシャルHB600L、HB560L、LTT630Mなど［ノリーズ］
■リール：SLX MGL70、カルカッタコンクエスト100DCなど［シマノ］
■ライン：シーガーR18フロロリミテッドハードBASS12ポンド［クレハ］

バスフィッシングが楽しくて仕方がない。

終わりのないゲーム

　2019年の初バスは1月下旬に相模湖でキャッチした寸止め49.5センチの2キロオーバー。それは俺にとって、格別な魚だった。年明けから4回連続でデコっていたというのもあるけれど（苦笑）、何よりダイラッカを用い、水深5〜6メートルのディープミドルで食わせた個体だったからだ。

　厳寒期のビッグフィッシュパターンとして、バスがシャローに上がってさえいればマグナムクランクやジャークベイトで対応できる。そういう引き出しはすでに持っている。でも、その下にいる魚をどう食わせるかは課題だった。そしてようやく得られた答えのひとつが、水温7.9度のコールドウォーター・ダイラッカ・パターンだったのである。俺自身これまで、あるだろうなとは思いつつも、真冬にダイラッカをしっかりと使い込んだことはなかったんだよね。

　人生の大半をバスフィッシングに費やしてきたにも関わらず、湖上ではいまだに新たな発見がある。それはパターンのみならず、ルアーそのものについても言えること。以前の俺は、たとえばクランクベイトだったら、このウォブリングがいい、このロールが釣れる、なんて言っていたけれど、近年、ルアー創りに没頭できるようになって痛感しているのは、人間側からの見た目や感覚だけで良し悪しを判断できる世界ではないということ。実際の湖でバスに、それもビッグフィッシュに聞いてみて、結果論として釣れるルアーなのか、そうではないのかが見えてくる。

だから今、ノリーズのルアーは開発にとても時間がかかっている。自分から途中で却下してしまうプロトが山ほどある。

　ブラックバスという魚が、なぜそのルアーに食ってくるのか。アングラー側の主観で都合よく解釈はできても、本当のところは誰にも分らない。分かるはずがない。だからこそゲームに終わりはなく、いまだに俺はバスフィッシングが楽しくて仕方がないのです。

田辺哲男 NORIO TANABE
ビッグバス
WEEKLY BIG BASS PATTERNS パターン
アカデミー

春・夏編につづく

カバーデザイン	四方田 努（サカナステュディオ）
本文デザイン・DTP	サカナステュディオ
本文イラスト	小倉隆典
カバー写真	ルアーマガジン編集部

ルアマガブックス 005

田辺哲男
ビッグバスパターンアカデミー
秋・冬編

発行日　2019年8月30日　第1刷

著　者　　田辺哲男
発行者　　清田名人
発行所　　株式会社 内外出版社
　　　　　〒110-8578　東京都台東区東上野 2-1-11
　　　　　電話　03-5830-0368（企画販売局）
印刷・製本　中央精版印刷株式会社

ⓒNorio Tanabe 2019. Printed in Japan
ISBN 978-4-86257-474-9

本書を無断で複写複製（電子化を含む）することは、
著作権法上の例外を除き、禁じられています。
また本書を代行業者等の第三者に依頼してスキャンやデジタル化することは、
たとえ個人や家庭内の利用であっても一切認められていません。
落丁・乱丁本は、送料小社負担にてお取り替えいたします。